国宏智库丛书（2018）

振兴实体经济
与制造业发展对策

费洪平　等著

中国计划出版社

图书在版编目（CIP）数据

振兴实体经济与制造业发展对策 / 费洪平等著. --北京：中国计划出版社，2019.8(2022.4重印)
（国宏智库丛书. 2018）
ISBN 978-7-5182-0978-1

Ⅰ. ①振… Ⅱ. ①费… Ⅲ. ①制造工业－工业发展－工业政策－研究－中国 Ⅳ. ①F426.4

中国版本图书馆CIP数据核字(2018)第284030号

国宏智库丛书（2018）
振兴实体经济与制造业发展对策
费洪平　等著

中国计划出版社出版
网址：www.jhpress.com
地址：北京市西城区木樨地北里甲11号国宏大厦C座3层
邮政编码：100038　电话：(010) 63906433（发行部）
新华书店经销
北京虎彩文化传播有限公司印刷

787mm×1092mm　1/16　11.75印张　189千字
2019年8月第1版　2022年4月第2次印刷

ISBN 978-7-5182-0978-1
定价：46.00元

《国宏智库丛书》编委会

本书课题组成员

一、课题顾问

白和金，研究员，国家发展改革委宏观经济研究院原院长

二、课题负责人

费洪平，研究员，正局级副所长，国家发展改革委产业经济与技术经济研究所

王岳平，研究员，国家发展改革委产业经济与技术经济研究所原副所长

三、课题组成员

任继球，助理研究员，博士，国家发展改革委产业经济与技术经济研究所

王云平，研究员，室主任，国家发展改革委产业经济与技术经济研究所

盛朝迅，副研究员，室副主任，国家发展改革委产业经济与技术经济研究所

李淑华，副研究员，国家发展改革委产业经济与技术经济研究所

徐建伟，副研究员，国家发展改革委产业经济与技术经济研究所

王佳元，副研究员，室主任，国家发展改革委产业经济与技术经济研究所

李金峰，研究员，国家发展改革委产业经济与技术经济研究所

邱　灵，副研究员，室副主任，国家发展改革委产业经济与技术经济研究所

杨　威，副研究员，博士，国家发展改革委产业经济与技术经

济研究所

张于喆，副研究员，室副主任，国家发展改革委产业经济与技术经济研究所

周　振，助理研究员，博士，国家发展改革委产业经济与技术经济研究所

李子文，助理研究员，博士，国家发展改革委产业经济与技术经济研究所

王海成，助理研究员，博士，国家发展改革委产业经济与技术经济研究所

总　序

自1999年以来，中国宏观经济研究院每年都从课题研究中，选出一些为社会各界比较关注的优秀成果，结集为《中国宏观经济丛书》公开出版。2015年入选首批国家高端智库试点单位以来，中国宏观经济研究院进一步加强智库建设，连续几年在全国智库排名中位列前几名，其中，2016年在部委直属事业单位智库系统影响力排名中位居第一。为进一步加大对中国宏观经济研究院优秀研究成果的宣传力度，持续扩大中国宏观经济研究院的学术影响力、决策影响力、社会影响力和国际影响力，中国宏观经济研究院进一步整合院内优秀研究成果，集中打造《国宏智库丛书》品牌，加强与同行的学术交流，更好地为经济管理部门、科研机构和社会各界提供服务。

《国宏智库丛书》（2018）是中国宏观经济研究院优秀课题研究成果的集合，包括全面建成小康社会解难题补短板、完善房地产市场调控政策、振兴实体经济壮大制造业的政策措施、旅游景区收费体制、我国竞争政策实施的思路与路径、推动交通运输与经济社会融合发展、保障和改善民生以及收入分配问题等主题。

由于水平所限，丛书内容难免有不足之处，我们诚恳期待社会各界进行批评指正，以帮助我们不断提高研究水平和丛书质量。

中国宏观经济研究院

《国宏智库丛书》编委会

2018年10月

前　　言

实体经济包括物质产品、精神产品的生产、销售及提供相关服务的经济活动。相比虚拟经济的高度流动性、不稳定性、高投机性，实体经济具有稳定性、有形性、基础性等特征。实体经济是社会生产力的集中体现，是立国之本、强国之本、富民之本。历史和实践都表明，实体经济衰落，国家的兴盛就难以持久；实体经济强则经济强，实体经济兴则百姓富。实体经济不仅是经济发展的命脉和根基，也是社会进步和民生改善的重要支撑。

党中央一直高度重视实体经济发展。党的十六大报告明确提出要正确处理虚拟经济与实体经济的关系；党的十八大报告指出要牢牢把握发展实体经济这一坚实基础，实行更加有利于实体经济发展的政策措施。党的十八大以来，习近平总书记多次强调发展实体经济的重大意义，明确指出像我们这样一个大国要强大，必须靠实体经济。党的十九大报告明确提出建设现代化经济体系，必须把发展经济的着力点放在实体经济上，把提高供给体系质量作为主攻方向，显著增强我国经济质量优势。因此，新形势下如何破解实体经济发展面临的困难，加快振兴实体经济、壮大制造业，打牢实体经济发展的根基，已成为关系我国经济社会全局的一项紧迫的重大任务。

关于实体经济研究切入点很多，制造业作为实体经济的骨架和支撑，是振兴实体经济的主战场，也是振兴实体经济的难点。因此，本书重点聚焦制造业。

《振兴实体经济与制造业发展对策》课题组

2019 年 3 月

目　录

第一章 着力振兴实体经济、壮大制造业政策措施研究

内容提要 改革开放以来，制造业等实体经济作为我国工业化进程的主导力量，不仅为我国经济社会发展作出了重大贡献，而且已成为支撑带动世界经济增长的巨大引擎。自2008年国际金融危机以来，特别是经济进入新常态后，我国实体经济出现“弱化、边缘化、虚化”的迹象，面临诸多问题和困难。新形势下如何破解实体经济发展困难，加快振兴实体经济、壮大制造业，打牢实体经济发展的根基，已成为关系我国经济社会全局的一项紧迫的重大任务。本课题采用宏观、中观和微观研究相结合的方法，围绕落实党的十九大提出的“贯彻新发展理念，建设现代化经济体系”要求，探讨实体经济与虚拟经济相关理论，深入分析当前我国实体经济发展面临的内外环境，客观理性地审视实体经济特别是制造业发展困难及原因，在此基础上，就如何振兴实体经济、壮大制造业进行深入研究，从宏观、中观和微观，发展与布局，现状与趋势等关系上提出依据充足、目标明确的政策措施。

一、内涵及“虚”、“实”关系辨析

（一）关于实体经济与虚拟经济的概念

目前国内对实体经济有三个层次的理解。

（1）最狭义的理解，如李星和范祚军（2005）认为，实体经济是指用于描述物质资料生产、销售以及直接为此提供劳务所形成的经济活动，其特征与社会生产再生产、资金循环与周转的经济现象密切相关。郑文博

（2004）的理解更为狭窄，仅以实物形态来划分，认为实体经济是用于描述物质资料生产、销售以及直接为此提供劳务所形成的经济活动。它主要包括实物生产的产业部门，主要存在于农业、工业、交通运输业、商业、建筑业等产业部门，是社会发展进步所依赖的坚实经济基础。

（2）比较居中的理解，如成思危（2002）认为，虚拟经济是指与虚拟资本以金融系统为主要依托的循环运动有关的各种经济活动，简单地说，就是“钱生钱”的经济活动。实体经济中钱是不能直接生钱的，有了钱先要去雇工人、买原料、建厂房，这样才能进行生产，把原材料、劳动力变成产品，产品通过流通变成商品，商品再通过交换再变成钱，通过这样的“资本循环”，才可能实现增值。黄荣英（2004）认为，实体经济是指物质、精神产品的生产、销售及提供相关服务的经济活动。它不仅包括农业、工业的物质生产活动，也包括商业、教育、文化、艺术、体育等精神产品的生产和服务，还包括电子商务、网络经济、现代传媒。

（3）最宽泛的理解，如高国梁（2011）认为，实体经济是以商品或服务的创造为基础，以满足社会物质文化需要来实现其价值，以商品或服务为买卖标的，以获得商品或服务的所有权和使用价值为目的，通过劳动实现其价值物化为商品价值，以商品供求规律为依据。

国外对实体经济的定义也有差别。金融时报辞典（Financial Times Lexicon）将实体经济定义为：实际生产商品和服务的经济活动，是和另一部分只在金融市场上进行买卖行为的经济活动相对应的。这就是说，实体经济指除金融服务业以外经过注册的有生产服务活动的经济组织，即是围绕居民消费的生产与流通的经济活动。而与之相对应的虚拟经济是经济虚拟化（西方称之为“金融深化”）的必然产物，是基于资产价格上涨来获利的经济投资行为。经济术语（Economic Glossary）中将实体经济定义为：与商品、服务和资源相关的经济活动，这部分经济活动是通过使用各种资源来生产商品和服务以满足人们的生活需求。美国联邦储备系统（简称美联储）关于实体经济的定义略有不同，即除去房产市场和金融市场之外的部分，就美国经济数据的构成来看，其中包括制造业、进出口、经常账户和零售业等。

我们认为，从学理上讲，实体经济是与价值实体的生产、流通、交换、分配、消费相关的经济活动，即为经济社会发展和民生改善提供物质产品和服务的经济活动，包括农业、工业和大部分服务业。虚拟经济则是与价值符号的生产、流通、分配、交换相关的经济活动。实体经济的再生产过程的终点和新起点是实实在在的消费，包括生产性消费和生活性消费；虚拟经济再生产过程的终点和新起点则止于交换，即虚拟经济产品的消费就是用于交换，其使用价值就是交换价值。正因为如此，虚拟经济必须与实体经济紧密结合并服务于实体经济的再生产过程，才能有助于更多更好地创造实实在在的社会财富，反之则只能创造一大堆不能用于实际消费、只能催生资产泡沫的价值符号。

（二）关于实体经济与虚拟经济关系需要澄清的几个问题

近年来，关于实体经济问题备受关注，各地纷纷出台了一些举措，但也存在不少误区。

1. 对于“实”、“虚”内涵一直存在很大争议

这里有四点值得澄清：

（1）虚拟经济本身并非全都是不合理的。比如，居民利用余钱投资房产、黄金等，用以保值增值，合情合理。而且二级市场本身有其功能，比如价格发现、提供流动性等，根本上是为资源配置服务的。但如何界定过度投机也是一大难题，过度与不过度之间并无明确界限。

（2）“实”和“虚”之间的划分并不是简单的行业划分，同一行业里有“实”有“虚”。银行、保险、信托、房地产以及货币市场也不宜笼统称之为虚拟经济，比如房地产业，开发商建房子的过程就是“实”，如果购房是为满足居住需求和工商业生产经营活动需要，那就是“实”；如果为投机获利去炒土地和楼市，那就是“虚”（有时两者兼有）。再比如金融业，银行为居民提供汇款服务，为企业生产提供贷款，券商为民众理性投资提供经纪服务，这些都是具体的服务，满足其实际需求，都应属于“实”。但如果金融市场出现过度投机，或者企业拿贷款资金去炒房炒股，那就不属于“实”。因此，我们不能简单地把金融业、房地产业全部划入虚拟经济领域。

（3）同一项业务，“实”与“虚”的划分也很模糊。商品本身有时兼具使用价值、收藏价值、投资价值，比如在流通环节，正常的批发业务是“实”，但故意囤积抬价属于“虚”。近几年出现的“蒜你狠”、“豆你玩”、

“姜你军”等现象就属于“虚”。但“虚”、“实”两者之间并没有清晰边界，包括银行自身也不能精确统计放出去的贷款中，有多少是用于自住购房，有多少是去炒房。

（4）新实体经济时代，并非看得见摸得着的才叫实体经济，实体经济不等于实物经济，实体经济不能只局限于生产和制造，服务和流通也是实体经济的重要部分。划分“虚”与“实”的标准，不是看是否生产有形的产品，而是看是否满足消费性需求和生产性需求。服务业也有满足最终需求的，比如医疗服务和金融服务。又如，网店是新实体经济，直接带动了实体工厂的销售；快递业也属于新实体经济，同样既拉动了消费也促进了生产。这些典型的新实体经济行业，实际上都是生产性服务业，都是在为实体经济服务，也是实体经济的一部分。

2. 振兴实体经济绝不是要排斥虚拟经济，而是要妥善处理好两者之间的关系

毋庸置疑，随着经济发展水平的提高，虚拟经济出现迅速发展，这符合经济发展的一般规律。虚拟经济依赖于实体经济，实体经济可借助于虚拟经济，两者具有极其密切的相互依存、相互促进、共生共荣的关系。一方面，没有虚拟经济，实体经济发展会受到很大影响。虚拟经济是市场经济发展的必然产物，它的健康发展有助于优化资源配置，提高整个实体经济的运行效率。另一方面，没有实体经济，虚拟经济便是“空中楼阁”，虚拟经济不能脱离实体经济而独立存在。如果没有实体经济的充分发展，虚拟经济也将难以健康发展，甚至会出现经济“虚火”过旺而危害整个发展的情形。对此，我们必须把握和处理好“虚”、“实”的辩证关系。要避免把发展金融、房地产等服务业等同于国民经济发展“金融化”和“脱实向虚”。在发展实体经济和服务经济过程中，发展金融业、房地产业也是十分必要的。说到底，金融发展是要为实体经济服务的，离开实体经济发展金融，甚至片面强调和过度依赖金融业和房地产业，就会出现严重的经济泡沫化。

3. 不能把实体经济狭隘地理解为实物经济、把新经济当作虚拟经济

当前一个误区是，把互联网经济视作虚拟经济，把实业不振的原因归

结为互联网经济的兴起。这里有几点需要说明：

（1）实体经济不完全等同于实物经济。互联网行业不生产有形产品，但提供服务，是基于信息化下的现代服务业。产业革命的重要标志直观表现，就是产生了一批以创新技术为支撑的大规模的新产业，而传统产业被新产业渗透、改造或替代。人类历史上出现过蒸汽机革命、电力革命、计算机革命，今天出现的互联网产业同样符合产业革命的特征。我国四大互联网巨头百度、阿里、腾讯、京东分别雇佣十几万员工，显著提高了商品流通效率，降低了物流和交易成本，创造了巨大的增加值，提供的税收也相当可观。例如，阿里在2016年平均每天就纳税1亿元。互联网公司除自身对就业和税收方面贡献巨大外，还改造了传统产业，带动了上下游产生大量就业和税收，如OTO模式。其积极意义绝不亚于制造业的技术创新和组织制度创新，与虚拟经济的投机炒作带来的虚假繁荣性质完全不同。

（2）互联网产业在发展过程中受资本市场不健全、不规范的影响出现了一些浮躁现象。资本市场过度的投机性炒作也使得一些互联网从业人员不是专心谋求创造价值，而把追求资本增值当作首要目标，一些人不切实际地夸大互联网的功能，也有人打着创业创新旗号，实际搞的是毫不创造价值的欺诈之术。这是资本市场的问题，是政策导向被误用，而不是互联网产业本身问题。

（3）新实体经济是指有效满足客户真实需求、科技含量高、容纳现代人才就业、生态环保的新经济形态，是传统实体经济在新时代背景下的升级、转型和发展，两者并不对立，而是一种递进关系。新实体经济与虚拟经济并不存在对立关系。要改变互联网是虚拟经济的认识，互联网对各行各业的改变是无法阻挡的趋势，新零售、新技术、新金融、新制造、新能源正在变为现实。新实体经济的商业模式是传统产业被互联网、人工智能等新技术改造过的新模式，包括融合互联网的零售、批发、生产、制造、物流、金融等服务环节，最终形成以新零售、新制造为代表的全新业态。

（4）新旧经济之间不可避免会存在某些冲突。新兴产业发展，除了会渗透到传统产业中促其升级之外，还有可能会取代一些传统产业，这种“创造性破坏”现象，导致新旧产业之间关系紧张，在历史上曾多次出现过。例如，机器取代手工劳动，汽车取代人力车、马车，铁路发展取代内河水运。新商业模式同样也会导致冲突，沃尔玛席卷美国大大小小城市的十几年里，曾导致传统夫妻店、小商铺大量倒闭，出现了很多批评的声音。由于互联网在效率和成本上的压倒性优势，冲击了某些传统行业或业态，同时它又具有赢家通吃的特点，故而极易瓦解原有利益格局。如何既获得新经济带来的效率优势，又尽可能减小它带来的经济代价和社会震荡，这是政策制定者要思考和应对的问题。“创造性破坏”是发展先进生产力的必然现象和必要成本，拒绝和抵制高效率的技术和商业模式，只会给全社会造成巨大而长期的损失。因此，不能把互联网等新经济形态与虚拟经济相混淆。

（三）关于制造业服务化问题

在我国进入工业化后期和后工业化阶段，服务业占比超过制造业和整个工业，制造业也日益服务化，这是经济发展的客观规律，是产业结构升级的必然趋势，要避免把发展服务经济简单等同于去工业化、去制造业化。据统计，我国服务业比重由 2010 年的 44.1% 提高到 2018 年的 52.2%。发展服务经济不是要去制造业、去工业化。其实，许多服务业原本是制造业内生或分化出来的，二者之间具有密切的关系，而不是简单的彼此替代。制造业既是服务业的主要支撑力量，也是服务业特别是生产性服务业的主要服务对象。服务业与制造业良性互动、深度融合才能使服务业与制造业相得益彰，持续协调健康发展。某些小国或某些城市、地区不可能也无必要构建完整的产业体系和大量发展制造业，可以在开放条件下主要依靠发展服务业而发达起来。大国经济尤其像中国这样坚持社会主义道路的大国经济体，有条件也必须发展强大的制造业，构建起独立完整的现代产业体系。

二、当前实体经济正处于发展的关口期

从国际看，当前全球经济深度调整，数字经济、共享经济、产业协作正在重塑传统实体经济形态，重视实体经济发展已成为世界各国的共识。2008 年的国际金融危机在很大程度上可归结为虚拟经济对实体经济的过度背离，发达国家纷纷吸取教训，重新聚焦实体经济，大力实施“再工业化”战略和促进制造业回归，力图推动社会资本和研发资源向

实体经济快速转移，发展实体经济再次成为世界潮流和全球经济再平衡的核心内容。

1. 全球经济深度调整的关键在于实体经济

随着经济全球化深入发展，实体经济与虚拟经济背离的格局在不断加深。特别是在金融衍生工具创新的驱动下，世界虚拟经济总量以几何级的速度增长。“虚”、“实”过度背离导致世界经济关系的主导力量不再是实体投资所产生的物质关系，而是一种虚拟资本流动背后的“价值关系”变动。在信息不对称、制造业竞争加剧、虚拟经济膨胀等多方面因素作用下，全球经济严重失衡并进入深度调整与再平衡的重构期。要实现全球经济深度调整关键就在于扭转经济结构失衡的局面，重振实体经济活力，实现实体经济与虚拟经济协调发展。

2. 欧美国家呈现加速向实体经济回归的新趋势

欧美发达国家通过对虚拟经济脱离实体经济过度膨胀进行深刻反思，重新强调实体经济的基础地位，纷纷推行以重振制造业为核心的“再工业化”战略，促使产业结构向合理的方向调整。德国提出“工业4.0”，日本启动“再兴战略”，法国颁布“新工业法国”计划，奥巴马政府先后制定了《重振美国制造业框架》《先进制造业国家战略计划》等战略，以求重塑美国制造国际竞争力，推动从过度依赖虚拟经济向注重实体经济转换。欧盟在2012年产业政策通报开篇就点明“再工业化”战略肩负经济增长重任。在其影响下，一些发达国家的制造业占比有所提升，部分中高端制造业出现回流势头。

3. 新兴发展中国家以制造业为主体的实体经济增长加快

在全球制造业总体增长放缓的趋势下，一些新兴经济体制造业逆势增长，占全球制造业比重不断攀升、地位不断提高。这其中既包括越南、菲律宾、印度尼西亚、柬埔寨等东南亚国家，也包括印度、斯里兰卡、孟加拉国等南亚国家。这些国家在注重发挥后发技术优势的同时，凭借低廉的劳动力、土地及其他要素成本，承接国际直接投资和劳动密集型产业（环节）转移，工业化进程显著加快。2014年，印度总理莫迪推出“印度制造”计划，希望将制造业占国内生产总值的比重从15%提升至25%，并将印度发展成为一个类似于中国的制造业出口大国。越南作为经济快速增长的新兴发展中国家之一，提出要建设成为工业现代化国家，2015年工业增速达到9.8%，远高于发展中国家3.9%的工业平均增速，已成为全球重要的服装鞋类和电子产品制造基地。以制造业为主的实体经济在资本积累、就业增长、出口创汇等方面发挥着重要作用，成为新兴发展中国家参与经济全球化、促进经济增长的关键。

从国内看，实体经济正处在转型升级的关口期。改革开放以来，我国抓住经济全球化机遇，积极利用国际国内两种资源、两个市场，主动承接发达国家的产业转移，形成了规模巨大、门类齐全、独立完整的产业体系，跃居为世界第一制造业大国和第二大经济体，实体经济取得了长足发展，并在稳增长、调结构、惠民生、防风险等方面发挥了举足轻重的作用，不仅为我国经济社会发展作出重要贡献，也已成为支撑带动世界经济增长的巨大引擎。就制造业来看，主要工业品产量大幅攀升，多种产品产量已稳居世界第一，1978—2016年，我国工业增加值从1622亿元增加到24.8万亿元，年均增长14.5%。从国际比较看，1990年我国制造业占全球比重为2.7%，居世界第九；到2000年上升到6.0%，居世界第四；2010年为19.8%，超过美国跃居世界第一工业大国。目前，在全球500多种主要工业产品中，我国有220多种产品的产量居世界第一位，是全球最大的工业制成品出口国。在国际标准行业分类的22个行业中，我国产值均居第一或第二位。其中，我国在纺织品、电力装备、交通工具等七大类行业规模名列全球第一，钢铁、水泥、原煤、电解铝、造船产量均占全球45%以上。目前我国具有明显比较优势的产品主要集中在轻工食品、纺织服装、机械电子等领域，这些产品占我国工业制成品出口额比重超过70%以上。制造业持续快速发展是我国经济长期保持高增长的关键，也是国际金融危机冲击下，我国能够实现经济相对平稳较快增长的重要支撑。经验表明，改革开放40年来，我国经济发展交出亮丽成绩单，从根本上说是得益于实体经济。这块“基石”，不仅支撑着百姓的衣食住行，更关系到国家的长治久安，绝不能有丝毫的动摇。

2008年国际金融危机再次警示我们，回归实体经济是促进经济持续健康发展的正途，任何时候都不能忽视、不能懈怠、不能动摇。重视实体经济，认清实体经济是财富之源、强盛之基、治世之道；着力振兴实体经济，提升产业实力、激发企业活力、发掘需求潜力、优化升级供给结构；服务实体经济，加强政策引导、尊重劳动创造、弘扬实业精神。当前，虽然我国已步入工业化中后期阶段，但工业化的任务并未完成。继续完成工业化，着力振兴实体经济、壮大制造业，仍然是新时代我国社会主义现代化进程中重要而艰巨的历史任务。

三、面临困难

改革开放以来，我国实体经济经历了较长的快速增长阶段，已成为一个真正的世界性实体经济大国，但“大而不强”。自2008年国际金融危机以来，特别是经济进入新常态后，我国实体经济经营环境趋紧、下行压力加大，出现“弱化、边缘化、虚化”的迹象，面临诸多问题和困难，突出表现在以下几个方面：

（一）增长速度与盈利水平同步下降

国际金融危机后，我国实体经济增速明显放缓。一是实体经济同比增速下滑。2012年以后，我国实体经济增加值年增长率均在10%水平以下，2015年甚至低于5%。二是实体经济比重下降趋势明显。近10年来，我国实体经济占国内生产总值（GDP）比重一直呈下降趋势，特别是进入2012年以来，实体经济比重下降的幅度更大。若以农业、工业、建筑业、批发和零售业、交通运输仓储和邮政业、住宿和餐饮业的生产总值作为实体经济口径计算，实体经济占比从2011年的87.9%下降到2016年的85%左右。三是工业作为实体经济的主体，呈现出较为明显的下行态势（见图1－1）。自2010年1季度规模以上工业增加值同比增长达到19.7%后，我国工业增加值一直持续回落，到2015年规模以上工业增加值同比降至6.1%。2016年，我国全部工业增加值增速为6.0%，是1992年以来长达24年中的较低工业增速。从规模以上工业增加值看，2011—2016年规模以上工业企业增加值增速分别为13.9%、10%、9.7%、8.3%、6.1%和6%，分别较上年下降1.8、3.9、0.3、1.4、2.2和0.1个百分点（见图1－2）。此外，非金融服务业增加值增速从2007年的23.07%下降至2014年的10.5%，也呈现较为明显的下滑态势。不难判断，整个“十二五”期间工业经济运行整体处于加速下滑的“L”型“竖线”过程。

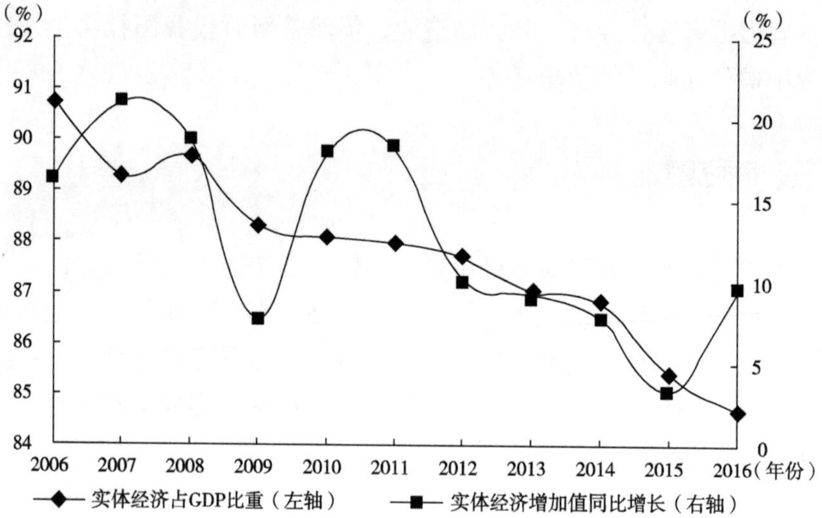

图1-1 2006—2016年我国实体经济占GDP比重和同比增速变化趋势

数据来源：国家统计局。

注：由于统计口径问题和数据缺乏，实体经济总量只能用除去金融业及房地产业之后的各行业生产总值（GDP）来测算。

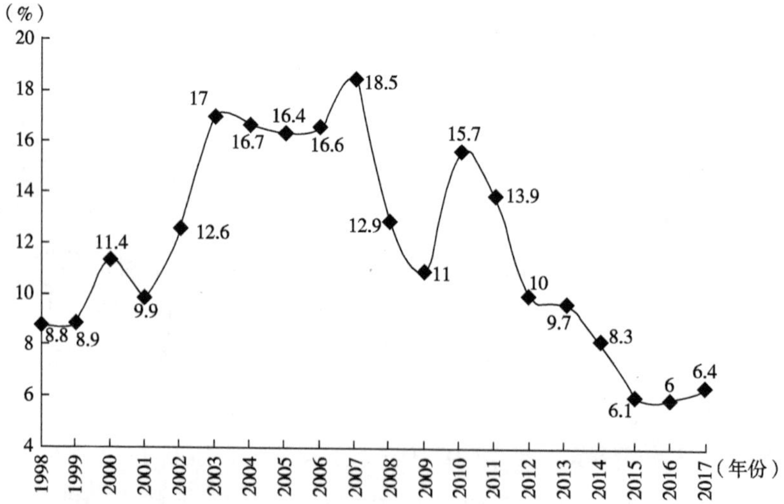

图1-2 1998—2017年我国工业增加值同比增速变化

数据来源：根据国家统计局网站数据绘制。

注：2017年为前三季度数据。

实体经济在增速下滑的同时，盈利能力也大幅下降，企业利润率在持续走低。数据显示，2010 年以来，我国传统产业投资回报率不足 3%，比美国次贷危机前 8 年的平均水平低 5 ~ 7 个百分点。国家统计局数据显示，2000 年以来我国企业销售毛利率从 26.5% 下降到 2015 年的 18% 左右，非金融上市公司净利润率从 2000 年的 8% 以上下降到 2015 年的 6% 以下，工业企业盈利下降更为明显。2011—2014 年规模以上工业企业利润同比增速分别为 25.35%、5.27%、12.15% 和 3.30%，2015 年首次出现负增长，为 -2.30%。不仅利润下降，而且许多企业更多依赖于金融、房地产投资等非主营业务收入。据测算，2012 年以来我国规模以上工业企业每百元主营业务收入中的成本，一直维持在 85 元左右的高位，同期企业主营收入利润率仅为 5.71%。一些资源型行业、原材料产业下滑严重，企业生存异常艰难。例如，2015 年石油和天然气开采业、煤炭开采和洗选业、褐色金属矿采选业的主营业务收入分别下降了 32.6%、14.8% 和 20.7%，利润则分别下降高达 74.5%、65.0% 和 67.9%。

2016 年下半年以来，随着去产能等许多政策措施的落实，我国实体经济增速持续下降的局面得到遏制。2016 年实现了 6.7% 的经济增长，工业企业利润增长出现转折，规模以上工业企业实现利润同比增长 8.5%。2017 年前三季度经济增长达到 6.9%，规模以上工业增加值同比增长 6.7%，增速同比提高 0.7 个百分点，也是近三年来最快的增速；规模以上工业企业实现主营业务收入和利润总额同比分别增长 12.5% 和 22.8%，制造业提质增效明显，增速明显高于 2014 年和 2015 年，呈现逐渐改善的态势，从而扭转了自 2010 年以来经济增速持续下降的局面。工业经济状况得到改善，钢铁、煤炭等价格恢复性上涨，钢铁和煤炭价格上涨幅度分别超过 40% 和 60%。这表明，我国实体经济重新回到扩张发展的轨道，呈现出与 2015 年下半年明显不同的发展趋势。这在很大程度上得益于供给侧结构性改革，特别是原煤、钢材、成品油等大宗商品的价格上涨，拉动了煤炭、钢铁、石油加工等企业利润的快速增长，但能否持续有待于进一步观察。

（二）要素成本过快上涨导致传统发展模式难以为继

随着工业化迅速推进，支撑我国实体经济 30 多年快速发展的低成本要素优势逐步消失，要素价格持续上涨，实体经济运营成本呈刚性上升。我国劳动力成本优势衰减态势明显，资源环境约束日益强化，导致能源价格、人工成本、土地价格、原材料价格持续上涨，不断抬高实体经济企业的经营成本。加之目前我国企业税负较高，进一步压缩了企业利润空间。原有低加工度、低层次技术、低附加价值的产业结构难以消化成本不断上涨的压力，国际比较优势日渐弱化，也不能适应国内市场需求的变化，传统发展模式越来越难以为继。

2005—2010 年，我国规模以上制造业主营业务成本年均增速（22.8%），低于制造业主营业务收入增速（22.9%）和利润总额增速（29.1%）。① 2011—2015 年，我国规模以上制造业主营业务成本年均增速为 10.1%，明显高于制造业主营业务收入增速（9.7%）和制造业利润总额增速（4.5%）；成本增速与主营业务收入、利润增速的关系发生了逆转，导致成本费用利润率由升转降，从 2010 年的 8.3% 下降到 2015 年的 6.5%（见表 1-1）。在总成本构成中，人员工资、融资、税负等成本均不断上升，尤其是劳动力用工成本呈快速上涨态势，城镇工业②人员工资总额增速有所加快。主营业务税金及附加、应交增值税总额在 2011—2014 年均增速高于 10%。据对珠江三角洲 2889 家小企业测算，相比 2010 年，目前大部分行业原材料成本上涨 20% ~50%，工人工资上涨 20% ~30%，而企业利润却减少了 30% ~40%。

表 1-1　近年来我国规模以上工业企业成本相关指标及变化

指标（亿元）	年份			年均增长（%）	
	2005	2010	2015	2005—2010	2011—2015
利润总额	14803.00	53050.00	66187.07	29.1	4.5
主营业务收入	248544.00	697744.00	1109852.97	22.9	9.7

① 实体企业不仅仅包括制造业企业，本文着重描述制造业企业经营成本数据，一是因为制造业企业经营成本数据易于核算，也较为公开；二是制造业是实体经济的重要领域，其他实体经济的很多产业也是为制造业服务的，如生产性服务业，制造业企业经营成本在一定程度上能代表实体经济。

② 限于数据可得性，暂以工业数据描述相关情况，下同。

续表 1-1

指标（亿元）	年份			年均增长（%）	
	2005	2010	2015	2005—2010	2011—2015
主营业务成本	209863.00	585257.00	944857.26	22.8	10.1
城镇工业人员工资总额	6830.00	15068.00	34797.20	17.1	18.2
负债合计	141510.00	340396.00	579310.47	19.2	11.2
主营业务税金及附加	2997.00	11183.00	16961.00	30.1	11.0
应交增值税	8521.00	22473.00	33979.00	21.4	10.9
成本费用利润率（%）	6.4	8.3	6.5	—	—

数据来源：国家统计局，2006 年、2011 年、2016 年《中国统计年鉴》。

注：2016 年《中国统计年鉴》不再报告 2015 年制造业主营业务税金及附加、应交增值税、成本费用利润率，本文采用 2014 年相关数据代替，相应指标年均增长采用的是 2011—2014 年区间数据。

具体分析，目前九种因素共同推动了实体经济企业经营成本的攀升：利率、汇率、税率、费率“四率”，薪金、租金、土地出让金“三金”，原材料进价和资源环境代价“两价”。

1. 劳动力成本急剧上升，实体经济企业出现招人难、用人难、留人难的问题

2005—2015 年，我国制造业城镇单位就业人员工资总额从 5056.6 亿元提高到 28341.6 亿元，增长了 4.6 倍；人员平均工资从 15748 元提高到 55915 元，年均增长率达 13.5%，其中 2011 年增速超过 20%。同期，我国制造业全员劳动生产率提高了 180.9%，年均增长约 6.1%。制造业平均工资超过了劳动生产率增长速度，表明比较劳动生产率优势已在消减。① 2015 年，我国农民工平均月工资为 3661 元人民币，约折合 500 多美元，而非盟 53 个国家平均月工资为 154 美元。印度平均月工资现在是我国的 1/3。东南亚发展水平较高的印度尼西亚平均月工资为 100 ~ 150 美元。据英国经济学人智库预测，中印（印度尼西亚）两国制造业每小时的劳动力

① 黄汉权，郭春丽，等．降低实体经济企业成本的综合性意见［R］．国家发展改革委宏观经济研究院，2015.

成本之比，将从2012年的138%上升至2019年的218%。可以看出，我国实体经济面临着很大的劳动力成本上涨压力。

2. 用地成本呈刚性上升态势

从监测数据看，全国主要城市土地出让价格2008年以来加速上升，尽管2012年以来增速有所放缓，但仍然呈现刚性上升态势。综合地价由2012年第三季度的3093元/平方米增加到2017年第三季度的4012元/平方米，工业用地价格由2012年第三季度的662元/平方米增加到2017年第三季度的799元/平方米，分别增长了29.7%和20.7%①（见表1－2）。

表1－2　2012—2017年中国主要城市土地出让价格（元/平方米，%）

类别	2012年第三季度		2013年		2014年		2015年		2016年		2017年第三季度	
	地价	同比增速	地价	同比增速	地价	同比增速	地价	同比增速	地价	同比增速	地价	同比增速
综合	3093	1.77	3349	8.28	3522	5.17	3633	3.15	3826	5.31	4012	4.86
商业	5793	3.15	6306	8.86	6552	3.90	6729	2.70	6937	3.09	7164	3.27
工业	662	2.00	700	5.74	742	6.00	760	2.43	782	2.89	799	2.17

数据来源：根据2012—2017年全国主要城市地价状况分析报告计算。

3. 税费成本总体上升，企业税负偏高

据测算，企业已缴税金占营业收入比重达7.8%，其中应缴增值税占营业收入的3.7%。据世界银行和普华永道研究报告测算，我国企业综合税负占全部商业利润的68%，在全球190个经济体中排第12位。另据国家统计局数据，2014年包括企业应交增值税、企业所得税和主营业务税金及附加在内的制造业税费成本占制造业主营业务收入的比重平均为5.74%，比2010年的6.21%降低0.47个百分点，但相比2005年还高0.52个百分点（见表1－3）。分行业看，烟草制品税费成本上升最高，达14.95个百分点。其次为石油加工、炼焦及核燃料加工业，2014年主要税

① 黄汉权，郭春丽，等．降低实体经济企业成本的综合性意见［R］．国家发展改革委宏观经济研究院，2015.

金占主营业务收入的比重比 2005 年高 6.73 个百分点。专用设备制造业，废弃资源和废旧材料回收加工业，仪器仪表及文化、办公用机械制造业和塑料制品业主要税金占主营业务收入的比重上升超过 2 个百分点。此外，通信设备、计算机及其他电子设备制造业，家具制造业，皮革、毛皮、羽毛（绒）及其制品业，文教体育用品制造业，纺织服装、鞋、帽制造业，金属制品业等 14 个行业税费成本都有所上升。

表 1－3 制造业企业主要税金占主营业务收入比重及变化

行业	主要税金占主营业务收入比（%）			
	2005 年	2010 年	2014 年	2014 年比 2005 年占比上升
制造业平均	5.22	6.21	5.74	0.52
烟草制品业	54.73	65.26	69.68	14.95
石油加工、炼焦及核燃料加工业	4.77	14.04	11.50	6.73
专用设备制造业	4.69	5.66	7.68	2.99
废弃资源和废旧材料回收加工业	3.07	4.70	5.40	2.33
仪器仪表及文化、办公用机械制造业	3.87	5.34	6.06	2.19
塑料制品业	3.79	4.67	5.91	2.12
通信设备、计算机及其他电子设备制造业	2.09	3.12	3.56	1.47
家具制造业	3.67	4.80	5.11	1.44
皮革、毛皮、羽毛（绒）及其制品业	3.86	5.24	5.08	1.22
文教体育用品制造业	3.10	4.06	4.31	1.21
纺织服装、鞋、帽制造业	3.98	5.20	5.14	1.16
金属制品业	4.09	4.96	5.16	1.07
化学纤维制造业	2.57	4.17	3.51	0.94
电气机械及器材制造业	3.87	4.97	4.80	0.93
工艺品及其他制造业	4.21	4.65	4.91	0.70
纺织业	3.88	4.55	4.51	0.63

续表 1-3

行业	主要税金占主营业务收入比（%）			
	2005 年	2010 年	2014 年	2014 年比 2005 年占比上升
农副食品加工业	3.04	4.29	3.64	0.60
木材加工及木、竹、藤、棕、草制品业	4.76	5.39	5.16	0.40
食品制造业	5.80	6.39	6.05	0.25
橡胶制品业	4.59	4.86	4.62	0.03
通用设备制造业	5.15	5.64	5.09	-0.06
医药制造业	8.23	8.39	8.06	-0.17
印刷业和记录媒介的复制	6.37	6.23	6.08	-0.29
有色金属冶炼及压延加工业	5.08	4.20	4.70	-0.38
造纸及纸制品业	5.18	5.20	4.62	-0.56
化学原料及化学制品制造业	5.51	5.69	4.81	-0.70
交通运输设备制造业	5.50	7.38	4.65	-0.85
黑色金属冶炼及压延加工业	5.24	3.79	3.17	-2.07
饮料制造业	12.49	10.63	9.52	-2.97
非金属矿物制品业	6.15	6.88	2.91	-3.24

数据来源：国家统计局，2006 年、2011 年、2015 年《中国统计年鉴》。

注：1. 主营业务税金及附加用来核算企业日常主要经营活动应负担的税金及附加，包括营业税、消费税、城市维护建设税、资源税、土地增值税和教育费附加及地方教育费附加等。

2. 企业所得税为估算数据，估算方法：企业所得税 = 利润总额 ×25%（企业所得税率）。

4. 融资成本高，特别是中小企业融资难已成为影响实体经济发展的重要因素

从信贷融资看，虽然我国一年期贷款基准利率从 2007 年 12 月的 7.47%经过 5 次降息、5 次加息和 8 次降息，调整为目前的 4.35%，总体下降幅度达到42%，仍高于美国的 3.51%并带动人民币贷款加权平均利率显著下降，但我国制造业实际融资成本不仅没有下降，反而出现了较大幅

度的上升。根据 Wind 数据库，2014 年底我国规模以上工业企业利息支出占主营业务收入比重约为 1.2%，比 2009 年底的 0.8% 高出 0.4 个百分点，上涨幅度为 50%（见图 1-3）。与此同时，规模以上工业企业利息支出占主营业务利润比重也大幅提高，从 2010 年 8 月份的 6.47% 提高到 2015 年 9 月份的 9.20%，提高 2.73 个百分点，上涨幅度为 42.2%（见图 1-4）。

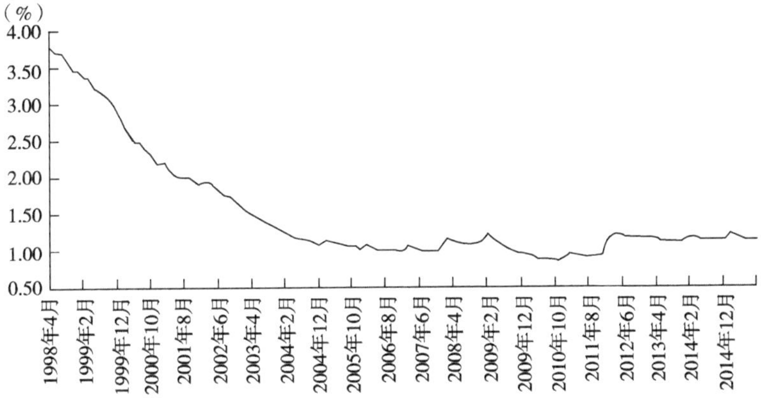

图 1-3　中国规模以上工业企业利息支出占主营业务收入比重

数据来源：Wind。

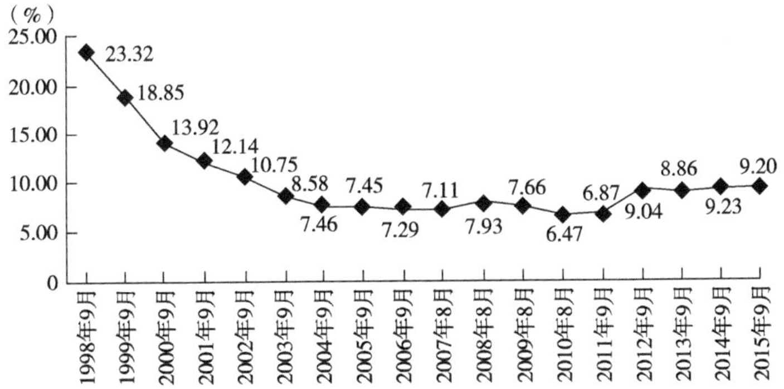

图 1-4　中国规模以上工业企业利息支出占主营业务利润比重

数据来源：Wind。

此外，“五险一金”也是实体经济企业成本上升的重要因素。部分省市“五险一金”总缴费率超过 58%，企业承担的比例接近一半。

（三）低端过剩与高端不足并存的结构性矛盾突出

当前，实体经济最普遍且更具根本性的问题是中低端和无效供给过剩、高端和有效供给不足并存，造成供需不匹配，长期累积的结构性矛盾凸显。具体到制造业上，供给结构不适应需求结构的升级变化，高品质、高技术含量、个性化、高附加值的产品供给能力不足，制造质量水平亟待提升；产业组织不合理，存在大量的“僵尸企业”，尤其创新性优质企业不多；产业结构高级化程度不够，战略性新兴产业尚处于培育成长初期，钢铁、石化、建材等传统产业的低水平产能过剩问题突出并长期存在，许多制造业的关键装备、核心零部件和基础软件严重依赖进口和外资企业；新兴技术和产业领域全球竞争的制高点掌控不足，在国际产业链中的分工地位有待提升，亟待从低附加值环节向高附加值环节转型升级；产业融合还有待加强。一方面，传统产业产能过剩矛盾持续发酵，产能利用率偏低。本轮产能过剩涉及领域更广、程度更严重，化解难度前所未有。从范围上看，以前我国的产能过剩主要存在于钢铁、水泥、有色、煤化工、平板玻璃等传统产业，而本轮产能过剩的范围扩大到造船、汽车、机械、电解铝等领域，甚至扩展到多晶硅、风电设备等新兴产业，大有从局部向全局蔓延之势。根据工信部的统计，炼铁、炼钢、电解铝、焦炭、水泥、化纤等 18 个行业中落后产能占总产能的比重达到 15% ~25%。目前，我国工业企业产能综合利用率低于 80%，粗钢、电解铝、水泥、平板玻璃、煤炭等行业产能利用率均低于 75%，明显低于国际通常水平，产能过剩问题十分突出。同时，面对随工业化后期城市化进程加快推进而带来的人口结构变化和收入水平提高，进而消费结构升级明显，实体经济的供给体系已无法适应消费需求结构转型升级的需要，居民对高品质商品和服务的需求难以得到满足，大量的消费力量转向国外，高端需求与供给存在供需错配。另一方面，绝大部分产业都处在国际产业链和价值链低端，我国出口产品中 60% 是中低端产品。2016 年我国高技术产业增加值占规模以上工业增加值的比重仅为 12.4%。许多高端产品国内供给不足，长期依赖进口。从关键技术进口率看，纺织机械为 70%、高端数控机床为 75%、高速胶印机为 75%、集成芯片制造设备为 85%、光纤制造设备产品为 100%、轿车制造设备为 70%、高端传感器为 80%、液晶面板为 70%。我国高铁装备所需的轴承、制动系统、高强度螺栓等核心零部件、元器件，自主生产比例仅为20%。

（四）创新能力不足与体制障碍的双重制约

我国在部分产业领域的技术进步取得了突破性进展，高铁、核电、航天等领域已达到国际先进水平。以“互联网+”、电子信息、高端装备、生物医药、新材料等为代表的高端产业近年来取得较快发展，大众创业、万众创新浪潮高涨，释放出产业结构调整的巨大活力。但应当看到，这些产业目前体量仍然偏小，其核心关键技术的自主创新能力还较弱，短期内还难以根本改变我国产业结构不合理、水平低的总体格局。总体上我国实体经济中的大部分产业和企业与发达国家相比还存在较大的技术差距（见表1－4～表1－6）。许多企业还是主要依赖资本、资源要素粗放式投入，技术创新投入不足，而且经营管理、商业模式陈旧落后难以适应现代企业发展和国际国内市场竞争的新形势新要求。可以说，创新能力不足已成为制约实体经济发展的主要短板。改革开放以来，我国企业通过大量引进吸收国外先进适用技术，采取模仿跟进策略来发挥后发优势，取得了巨大的成功，但同时也由此形成了较强的“路径依赖”，导致自主创新意愿不强，创新投入不足。尽管我国实体经济研发投入在持续增长，但与发达国家相比仍处于较低水平。数据显示，国际领先企业普遍将销售收入的5%以上用于研发投入，而我国制造业500强企业的研发投入强度只有2%左右。2015年，汤森路透评选出的《2015全球创新企业百强》榜单里，日本以40家高居榜首，美国有35家，而我国内地企业无一入围。从经费投入水平看，2016年我国研究与试验发展经费支出占GDP比重上升到2.1%，成为仅次于美国的世界第二大研发经费投入国（见图1－5）。但从产出结果看，虽然我国发明专利申请量已连续6年位居世界首位，新一代信息技术产业、高档数控机床和机器人等十大重点领域发明专利年均增长率超过23%，但关键装备、核心零部件和基础软件仍依赖进口和外资企业，支撑产业升级的技术储备明显不足，技术创新链条存在不同程度的脱节问题，难以掌控新兴技术和产业领域全球竞争制高点。目前，我国科技成果转化率和科技对经济增长贡献率分别约为30%和50%，而发达国家在60%～70%。此外，“工匠精神”缺失，不注重对产品精雕细琢、精益求精的价值追求，不利于产品的核心竞争力提升和企业寿命延续。我国企业创新领军人才和高素质高水平技工紧缺。2016 年，全国高级工程师、技师岗位空缺与求职人数平均比率更是达到了 2 倍以上，高级技工在整个产业工人队伍中的比例仅为 5% 。

表 1 –4　2015—2016 年全球研究与开发（R&D）投入最多的 10 家企业

排名	公司名称	国家	行业分类	R&D 投入（亿欧元）	R&D 投入三年增长率（%）	销售收入（亿欧元）	R&D 投入强度（%）	利润率（%）
1	大众汽车	德国	汽车及其零配件	136. 1	12. 7	2132. 9	6. 4	–0. 6
2	三星电子	韩国	电子及电气设备	125. 3	10. 7	1571. 9	8. 0	13. 2
3	英特尔	美国	IT 硬件及设备	111. 4	6. 1	508. 5	21. 9	25. 6
4	ALPHABET 谷歌上市实体	美国	软件及计算机服务	110. 5	22. 2	688. 8	16. 0	25. 8
5	微软	美国	软件及计算机服务	110. 1	4. 8	783. 7	14. 0	23. 8
6	诺华	瑞士	制药及生物技术	90. 0	1. 8	462. 8	19. 4	17. 8
7	罗氏	瑞士	制药及生物技术	86. 4	3. 3	445. 7	19. 4	28. 7
8	华为	中国	IT 硬件及设备	83. 6	26. 3	558. 9	15. 0	11. 6
9	强生	美国	制药及生物技术	83. 1	5. 7	643. 6	12. 9	28. 7
10	丰田汽车	日本	汽车及其零配件	80. 5	9. 3	2165. 1	3. 7	10. 0

数据来源：根据欧盟官网 R&D ranking of world top 2500 companies 和 The 2016 EU Industrial R&D Investment Scoreboard 整理。

表 1 –5　2015—2016 年中国 R&D 投入最多的 10 家企业

中国排名	世界排名	公司名称	行业分类	R&D 投入（亿欧元）	R&D 投入三年增长率（%）	销售收入（亿欧元）	R&D 投入强度（%）	利润率（%）
1	8	华为	IT 硬件及设备	83. 6	26. 3	558. 9	15. 0	11. 6
2	65	中兴通讯	IT 硬件及设备	19. 5	12. 4	141. 8	13. 8	6. 7

续表 1 –5

中国排名	世界排名	公司名称	行业分类	R&D 投入（亿欧元）	R&D 投入三年增长率（%）	销售收入（亿欧元）	R&D 投入强度（%）	利润率（%）
3	79	中国石油	石油天然气	16.8	–6.4	2441.4	0.7	4.9
4	91	中国中铁	建筑及材料	14.5	17.0	848.9	1.7	3.4
5	93	百度	软件及计算机服务	14.4	63.3	93.9	15.3	17.6
6	96	中国中车	工业工程	14.1	48.0	336.5	4.2	7.8
7	106	联想	IT 硬件及设备	12.8	31.3	412.5	3.1	0
8	111	中国铁建	建筑及材料	12.4	10.0	821.6	1.5	4.1
9	116	上汽集团	汽车及其零配件	11.8	13.3	912.3	1.3	2.2
10	117	腾讯	软件及计算机服务	11.8	25.8	145.5	8.1	39.3

数据来源：根据欧盟官网 R&D ranking of world top 2500 companies 和 The 2016 EU Industrial R&D Investment Scoreboard 整理。

表 1 –6 2016 年彭博创新指数

排名	国家	总得分	R&D 强度	工业附加值占比	生产力	高科技密度	高等教育率	研究者集中度	专利活动占比
1	韩国	91.31	2	1	39	2	1	6	2
2	德国	85.54	8	3	32	5	17	14	3
3	瑞典	85.21	5	16	16	9	16	5	8
4	日本	85.07	3	13	29	5	34	9	1
5	瑞士	84.96	7	8	3	10	25	13	5
6	新加坡	84.54	17	5	5	13	2	7	24
7	芬兰	83.80	4	18	26	23	4	3	7
8	美国	82.84	10	26	8	1	37	21	4
9	丹麦	81.40	6	22	13	21	18	2	10
10	法国	80.39	15	39	15	4	12	18	11
11	以色列	79.81	1	35	35	7	29	1	20
12	俄罗斯	78.85	31	27	18	8	3	27	15
13	奥地利	78.45	9	11	14	30	7	11	13

续表 1-6

排名	国家	总得分	R&D强度	工业附加值占比	生产力	高科技密度	高等教育率	研究者集中度	专利活动占比
14	挪威	77.07	21	43	1	12	24	8	19
15	爱尔兰	76.67	24	7	12	25	6	24	22
16	比利时	76.19	13	23	10	21	31	22	17
17	英国	74.92	22	44	30	11	9	20	14
18	荷兰	74.90	18	28	24	15	41	16	9
19	加拿大	73.44	23	40	19	17	22	12	26
20	澳大利亚	73.42	14	47	2	16	21	15	32
21	中国	72.12	16	15	40	3	50	46	6

注：1. R&D 强度是指研究和开发支出占 GDP 的百分比，工业附加值占比是指工业附加值占 GDP 的百分比，生产力是指 15 岁以上雇员的人均 GDP 以及 3 年间的增长，高科技密度是指高科技企业数量，高等教育率是指高等教育入学率和科学、工程类毕业生集中度，研究者集中度是指参与 R&D 的专家、博士后、学生比例，专利活动占比是指专利获批占全球总数比例。

2. 除总得分外，其他数据均报告的是排名。

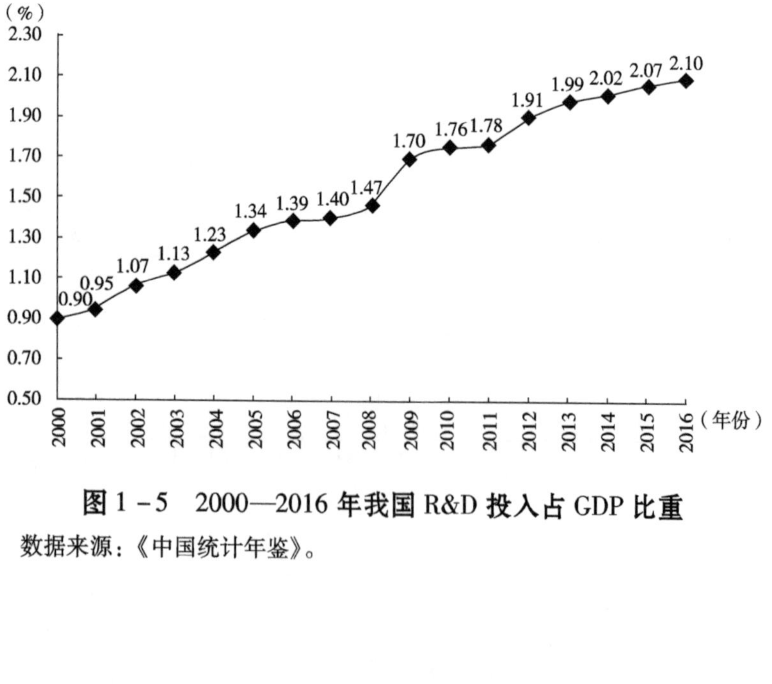

图 1-5　2000—2016 年我国 R&D 投入占 GDP 比重

数据来源：《中国统计年鉴》。

目前，我国经济体制的市场化改革还没有完成，许多方面的改革和制度建设还不到位，实体经济发展的体制机制性障碍依然比较突出。一是市场体系不完善、不规范。虽然商品市场发展比较成熟，但还大量存在假冒伪劣、无序竞争等不规范行为，土地、劳动力、资本、技术等要素的市场化改革还相当不完善，资源合理分配的体制机制尚未理顺，制度性交易成本仍然过高。二是民营经济发展环境尚需改善。除私人产权保护不够、法制环境不完善、政府干预过多等老问题外，国有企业在一些产业领域过度垄断成为阻碍民间资本进入的“玻璃门”、“弹簧门”、“旋转门”。2016 年全国民间固定资产投资增长 3.2%，同比下降 3 个百分点，投资增速下降明显。三是国有企业深层次改革攻坚尚未取得实质性突破，政企、政资关系还要进一步理顺，政府管得过多过细和监管不到位同时存在；一些具有垄断性质的国有企业仍保留着计划经济时期的行政色彩，国资监管机构、董事会和经营管理层之间关系未能理顺，现代企业法人治理结构尚不健全，经营机制转换迟缓。四是科技创新相关体制改革滞后。科技管理制度规章不够合理，鼓励实体经济企业创新的政策落实不到位，尚未形成有效鼓励创新、宽容失败的社会氛围和制度环境，难以充分激发企业和全社会的创新活力。缺乏吸引社会资本支持创新的良好机制，专业科研机构和高等院校的科研成果往往偏离企业和市场的实际需求，制约实体经济创新发展。五是市场出清机制缺失。产业和企业退出机制不健全，导致实体经济中落后过剩产能不能及时退出。

（五）虚拟经济与实体经济发展不协调

虚拟经济与实体经济发展不协调源于多种因素：一是长期对实体经济过度投资，导致产能过剩，回报率下降；二是由于货币供应量过高，流入虚拟经济领域的货币过多，使虚拟经济过旺。从 2011 年到 2015 年，同期货币供应量（M2）是 GDP 的倍数从 1.74 倍上升到 2.03 倍。三是实体经济与虚拟经济之间的互动机制不健全、传导路径不畅通，大量流动性在金融系统内空转。当前社会资本“脱实向虚”和企业“弃实投虚”，特别是金融、房地产业的快速膨胀和资本市场过度的投机行为，吸食了过多的要素资源，挤压了实体经济发展空间，扭曲了实体经济企业的行为，加剧了实体经济发展的困难。

由于需求疲软、产能过剩、实体投资回报率下降等多种原因，造成经济出现“脱实向虚”的倾向。在虚拟经济投资时限短、高回报率的特征诱导下，吸引大量资本流入虚拟经济领域，造成实体经济“失血”、“抽血”现象突显。主要是金融行业的大量资金仅在内部自循环。一方面，服务于实体经济的意愿不强，另一方面，提高了实体经济的融资成本。由于实体经济出现产能过剩、回报率低，加之金融业垄断和不当管制，大量实体经济企业也纷纷寻找机会介入银行、保险、信托、证券、基金等金融行业，上市企业收入更多依赖于金融投资等非主营业务收入。同时，金融资源错配、资产价格泡沫加重、高杠杆率的债务违约风险，严重恶化了实体经济的营商环境。据测算，我国工业平均利润率仅在6%左右，而证券行业、银行业平均利润率则都在30%左右。与此同时，非金融部门杠杆率也在快速上升。据测算，2012年我国非金融类企业部门的杠杆率为106%，2013年增至109.6%，2016年达到165%，远超过德国的49%、美国的72%、日本的99%，高于国际警戒线。据中国社会科学院测算，2015年我国全社会总债务已超过GDP的250%，全国企业负债100多万亿元，按照4%的利率计算，一年支付的利息就是4万亿元，相当于2015年全年GDP增长总量。杠杆率过高已成为影响实体经济发展的主要问题之一。过高的杠杆率不但容易引发金融泡沫，导致金融利润率虚高，而且吞噬了实体经济企业利润。实体经济企业面临着投资回报降低以及日益提高的经营成本。由于金融监管不力，一些高风险操作打着金融创新的幌子，推动泡沫在多个市场集聚。金融保险机构通过高杠杆，频繁进行“资本运作”，强行入股或者收购优质制造业企业，使得大量资金云集于货币市场或者通过在资本市场短期运作，谋取短期的盈利，从而弱化了长期资本的形成，也弱化了对实体经济的资金投入。与发达国家金融创新过度不同，我国现阶段金融创新方向存在问题，金融机构套利业务和理财、信托等通道业务的创新，过度强调对利润的追逐，而脱离服务实体经济的根本要求，在很大程度上推高了实体企业的融资成本。更令人担忧的是一些资本开始“脱实入虚”，追求在虚拟经济中增值牟利，不断加重资产泡沫，离实体经济越来越远。由于行业之间的报酬结构严重失衡，强大的“虹吸效应”导致越来越多的创新要素包括企业家精神、资本、人才等“脱实向虚”，严重削弱了实体经济发展的根基。我国金融业增加值占 GDP 比例快速增加，从 2001 年的 4.7% 快速上升到 2016 年的 8.4%，已经大大超过了美国、英国、日本等早已实现了工业化、服务业在经济中占主导地位的国家。从上市公司看，金融板块的利润额已经占到了所有上市公司利润额的 50% 以上。虚拟经济的无序发展扩大了货币乘数效应，加速了货币流通速度，造成虚拟经济中资本流动性过剩而实体经济中资本流动性不足。根据工业企业和金融企业所得税的匡算，2016 年，金融业利润约为规模以上工业企业利润的 1.3 倍。金融业发展落后无疑会影响实体经济的发展，但金融业无序过度发展也会影响实体经济的发展。

除金融领域外，我国房地产业的无序发展，资金过多地向房地产集中，也严重损害了实体经济的发展。由于地方政府长期过度看重房地产对 GDP、财政收入的贡献，与房地产开发商和商业银行实际上形成了利益共同体，一起不断推高房价，不仅使房价严重脱离国情、超出居民的购买能力，而且超高的行业利润引导资金过度向房地产流动，使房地产泡沫加剧，埋下金融风险隐患，并导致实体经济发展资金严重不足。超高房价违背房屋是用来居住的根本属性，供需错配浪费大量金融资源的同时，也诱导实体经济的资本大量涌向房地产，导致制造业“边缘化”。近年来，我国一线城市房价居高不下，多个二线城市房价再度攀升，各地“地王”争相横空出世，更加呈现出畸形发展态势，严重损害了我国实体经济的发展。据统计，2014 年胡润中国百富榜中，有 20% 的富豪的财富积累来自房地产。房地产业的高盈利与财富积累能力，诱导很多实体经济企业资本进入房地产领域。110 多家央企中，有多达 94 家涉足房地产投资。当资本关注焦点都转向房地产的时候，实体经济发展无疑会被人们所忽视。2015 年末，我国房地产贷款余额达 20.01 万亿元（包括个人购房贷款、房产开发贷款、地产开发贷款等在内的房地产贷款），同比增长 21%；全年增加 3.59 万亿元，同比多增 8434 亿元，增量占同期各项贷款增量的 30.6%。2016 年全年，全国房地产开发投资 102581 亿元，比上年名义增长 6.9%（扣除价格因素实际增长 7.5%），其中住宅投资增长 6.4%。房屋新开工面积 166928 万平方米，比上年增长 8.1%，其中住宅新开工面积增长 8.7%。无论是投资增速还是新增贷款或贷款余额增速，房地产业均高于制造业和其他实体经济部门。

（六）内需增长放缓与外需疲软叠加

国际金融危机以来，外需持续萎缩与内需增势放缓叠加，使实体经济发展面临更强的市场需求制约。在我国经济进入新常态以后，依靠扩大投资拉动经济增长的效果递减，投资边际产出明显下降。据测算，2005 年，每新增 1 元人民币的 GDP，需要增加投资 2.4 元，2009 年进一步攀升至 3.6 元，2014 年新增资本产出比已上升到 4.3 元的较高水平。同时，我国投资的三大主要领域，即基础设施、房地产和制造业的投资增速都呈现明显下降趋势。近年来，民间资本投资持续低迷，其增速下降尤为明显。最终消费支出虽然保持平稳较快增长，对经济增长的贡献率提高，但与全球平均水平还有较大差距。国内消费需求仍有较大上升空间。2016 年，最终消费支出对经济增长的贡献率为 64.6%，高于 2015 年 4.9 个百分点，高于 2014 年 15.8 个百分点。

与此同时，国际金融危机以来，世界经济明显衰退，全球经济深度调整，逆全球化思潮和国际贸易保护主义重新抬头，全球贸易陷入低迷。2012—2014 年，我国货物出口年增长率都低于 5%，2015 年更是出现负增长。从净出口来看，2007 年以后，净出口占 GDP 比重再也没有超过 5%，净出口对 GDP 的贡献也降到 5% 以下，均远低于 2007 年以前的水平。从对外贸易依存度来看，2007 年高达 66.2%，2009 年降为 45.01%，2011 年为 50.1%，2012 年再度回落 3.1 个百分点，降到 47% 以下，2013 年降到 46%，相比 2007 年下降约 20 个百分点。2008 年至 2016 年，全球经济增长由前 10 年的年均 4.13% 下降为 2.85%，全球贸易增速由年均 11% 大幅下降为 -0.21%，导致外需需求对我国实体经济的拉动作用明显减弱。欧美发达国家纷纷提出“再工业化”战略，呈现向实体经济回归的新趋势。一些新兴经济体和发展中国家则利用自身的劳动力成本、资源禀赋等比较优势，积极进军中低端制造业，成为国际市场的有力竞争者。我国实体经济发展面临高端被发达国家封杀、低端被新兴经济体阻击的“双重挤压”格局。

四、原因剖析

造成我国实体经济发展困难的原因是多方面的，目前看法并不一致，需要对这些影响因素有一个客观正确的认识。

（1）体制机制障碍是造成实体经济发展困难的根本原因。特别是体制机制束缚，政府职能转变滞后、市场体系不健全、诸多行业领域存在准入壁垒等，导致实体经济发展受限。

（2）创新能力不足是制约实体经济发展的主要短板。主要表现在自主创新能力不强、研发投入少、创新领军人才缺乏、工匠精神缺失等方面，核心技术和高端装备长期受制于人，不利于实体经济核心竞争力的提升。

（3）前期经济刺激政策的累积效应和溢出效应导致产能过剩结构性矛盾加剧。当前我国部分行业的产能过剩已经大大超出正常的市场承受范围，价格下行压力加大，企业效益下滑，造成了实体经济企业盈利水平大幅下降。

（4）实体经济下行具有一定合理性和必然性。随着工业化迅速推进，支撑我国实体经济快速增长的传统优势逐步丧失，要素价格持续上升，实体企业综合生产成本不断上涨，必然导致实体经济下行。

（5）虚拟经济过度膨胀是造成实体经济困难的重要因素之一。金融、房地产及其他虚拟经济领域的快速膨胀和过度的投机行为侵蚀了实体经济的发展。但也要看到，“脱实向虚”是经济发展的必然趋势。进入工业化后期，各行业市场饱和、竞争激烈，产业利润回报率降低，大量过剩资本进入虚拟经济领域，从而刺激了虚拟经济加速增长。实体经济发展困难又不能完全归罪于虚拟经济，两者并不是互相排斥的，而是相辅相成的，健康的虚拟经济有利于促进实体经济的发展。

（6）市场需求不足进一步加剧了实体经济的困难。国际金融危机以来，外需持续萎缩与内需增势放缓相互叠加、有效需求不足，使实体经济发展面临更强的市场需求制约。

总之，造成实体经济发展困难的原因既有长期因素，也有短期因素；既有周期性因素，也有阶段性因素；既有总量因素，也有结构性因素；既有外部环境的原因，也有内功不足的原因，是多种因素相互交织共同作用的结果。但体制机制障碍和创新能力不足是造成当前我国实体经济发展困难的根本原因，加快体制创新和科技创新，应是未来振兴实体经济的政策着力点。

五、基本思路

新形势下，大力振兴实体经济、壮大制造业，必须深入贯彻落实新发展理念，按照党的十九大提出建设现代化经济体系的新要求，以深化供给侧结构性改革为主线，坚持以提高供给体系质量和核心竞争力为主攻方向，推动实体经济发展质量变革、效率变革、动力变革，着力优化实体经济结构，加快发展战略性新兴产业与改造提升传统产业、淘汰出清落后过剩产能并举，强化改革、开放、创新“三大动力”，造就新的动态比较优势和国际竞争力，大力推进制造业高端化、信息化、集群化、融合化、生态化、国际化，培育若干世界级先进制造业集群，加快建设制造强国，提升我国制造业和整个实体经济在国际分工和全球产业链、价值链中的层位，促进实体经济从总量扩张转向能力提升、由大向强的转变，实现实体经济持续健康发展。为此，必须把握好以下几个“结合”。

（1）把增强创新能力与营造良好发展环境结合起来。要引导实体经济企业注重自主创新，提升生产效率、提高管理水平，充分发挥管理人员、技术人员、广大员工的积极性和创造力。特别要加快培育创新主体，集聚创新资源，打造创新平台，完善创新体系，优化创新环境，推动企业加快技术创新、产品创新、业态创新、管理创新、市场创新，激发和保护企业家精神，鼓励更多社会主体投身创新创业，切实增强实体经济自主创新能力。同时要完善相关制度法规，优化政策环境，协同推进重点领域和关键环节的改革攻坚，加快形成统一开放、有序竞争的市场格局，充分发挥市场在资源配置中的决定性作用，更好地发挥政府作用，为实体经济创造更加良好的发展环境，进一步激发实体经济活力。

（2）把存量优化与增量崛起结合起来。振兴实体经济，要把存量同增量、推动传统产业改造升级同培育新兴产业有机统一起来。加快兼并重组，坚决淘汰落后产能和“僵尸企业”，在“去”上见实效；推动互联网、大数据、人工智能和传统产业深度融合，对“有中出新”的传统产业“挖潜开荒”和改造升级，推动高端化、绿色化、智能化改造，尽快突破制约实体经济转型升级的研发设计、供应链管理、品牌培育、营销等关键环节，实现“老树发新芽”。同时，密切跟踪国际科技、产业发展的最新变化，超前谋划、超前部署、超前行动，统筹科技研发及产业化、标准制定和应用示范，大力推动“无中生有”的新技术、新模式、新业态、新产业发展，特别是在中高端消费、创新引领、绿色低碳、共享经济、现代供应链、人力资本服务等领域培育新增长点、形成新动能，打造实体经济新的“发动机”，积极培育壮大战略性新兴产业，引领产业由价值链低端环节向高端环节深化延伸，打造实体经济升级版。

（3）把实体经济与虚拟经济发展结合起来。虚拟经济是市场经济发展的必然产物，它的健康发展对实体经济具有促进作用。振兴实体经济绝不是排斥虚拟经济，而是要妥善处理好“虚”、“实”关系，坚持“以实为本、虚实并举”，形成实体经济和虚拟经济之间的协调共进、良性互动发展的机制。一方面，要大力振兴实体经济，为虚拟经济发展提供坚实的基础和明确的服务对象；另一方面，要按照实体经济的要求和条件，稳步推进虚拟经济的有序发展，充分发挥虚拟经济对实体经济的积极作用。要坚持虚拟经济服务实体经济的根本宗旨，加强和完善监管体系和制度，坚决抑制虚拟经济盲目发展，切实防止“虚热实伤”，更不能“助虚劲而招实祸”，因虚拟脱离实体经济过度膨胀而造成实体经济“边缘化”。

（4）把降低成本与提高供给质量结合起来。要针对造成实体经济成本居高不下的关键因素，制定可操作、可落地、可检查的系统性政策措施，有效降低实体经济生产经营成本和制度交易成本。同时，用质量优势对冲成本上升劣势，树立质量第一的强烈意识，全面提高质量，广泛深入开展质量提升行动，及时修订并严格执行质量标准，加强质量管理，弘扬“工匠精神”，加强品牌建设，培育更多“百年老店”，扩大高质量产品和服务供给，增强实体经济企业和产品核心竞争力。

（5）把制造业和服务业发展结合起来。近年来，随着制造业产品复杂程度的提高和信息技术的快速发展，全球制造业呈现服务化趋势。在工业化进入后期阶段，制造业和整个工业占比由上升转为下降，服务业逐步超过工业，一些人就误认为发展服务经济就是要去制造业、去工业。实质上，相当一部分服务业本身也是从一、二产业尤其是以制造业为主的工业中内生和分化出来的，二者之间具有密切的关系，而不是简单的彼此替代。产业结构转型升级要求制造业和服务业互相促进、融合发展。振兴实体经济，必须推动制造业和服务业“双轮驱动”、协同发力，大力发展生产性服务业和新兴消费性服务业，特别要围绕研发设计、绿色低碳、现代供应链、人力资本服务、检验检测、品牌建设、融资租赁、电子商务等重点领域，提高生产性服务业专业化水平，推动制造业由单纯生产型向服务型转变，推动中国从“世界工厂”走向“世界资源配置和创新中心”。

（6）把立足于扩大内需与加强国际合作结合起来。在经济全球化深入发展的时代背景下，国内经济与世界经济深度融合、相互依存。振兴实体经济、壮大制造业，必须统筹国内发展和对外开放。在低端产业产品产能过剩和优质高端产业产品供给不足并存的情况下，破解这种结构性矛盾，既要立足于扩大内需，依托规模巨大、前景广阔的国内市场，进一步深挖和释放内需潜力，以供给侧结构性改革带动需求扩展，以扩大有效需求为供给结构优化升级、创造市场空间，实现供给和需求相互促进和更高水平的协调平衡。同时，要将引进来与走出去更好结合，拓展新的开放领域和发展空间，提升国际合作的水平和层次，推动“引进来”由引资为主向引资、引技、引智服务并举转变，由输出货物为主向输出货物、服务、资本、技术并举转变，促进国际产能合作，形成面向全球的贸易、投融资、生产、服务网络，加快培育国际经济合作和竞争新优势。

六、政策措施

与虚拟经济相比，实体经济一般投入成本较高、产出周期较长、利润回报较低，需要政府部门的高度重视和大力支持，牢牢把握发展实体经济这一坚实基础，切实把振兴实体经济放在应有的重要位置，采取更加有力的政策措施，营造更为良好的发展环境，动员各方凝心聚力、主动作为、积极参与，推动政策、资金、技术、人才等要素汇聚到发展实体经济中来，进一步激发实体经济发展的内生动力和活力。

（一）推进重点领域和关键环节的改革攻坚，进一步激发实体经济发展活力

加快政府职能转变，正确处理政府和市场关系，协同推进重点领域和

关键环节的改革攻坚，充分发挥市场在资源配置中的决定性作用和更好地发挥政府作用，形成有效市场和有效政府相辅相成、相得益彰的体制机制，优化发展环境，进一步激发实体经济活力。

（1）深化“放管服”改革。以行政审批制度改革为重点，加快从“管制型政府”向“服务型政府”转变。加大简政放权力度，全面实施市场准入负面清单制度，简化合并审批手续，大幅度削减而不是下放行政审批项目，强化政府的事中与事后监管职能。将投资项目的行政审批改为主要通过产业政策对各类投资进行引导，将行政指定经营主体改为依法核准、登记注册或市场化招标选择经营主体，对国家拥有的特殊资源或必须由政府控制的特许领域，通过市场招标或拍卖方式选择使用者或授予特许经营权，收益归国家所有。全面清理和规范行政审批相关前置有偿中介服务事项。加大商事制度改革力度，深化“先照后证”改革，扩大“证照分离”改革试点范围，全面实施“多证合一”。推广“互联网＋政务服务”，普及网上预约、审批、咨询，全面实行一门受理、并联审批、多证联办、阳光审批、限时办结等“政务超市”审批服务模式。

（2）建立和完善促进公平竞争的市场规则体系。各种所有制经济企业依法平等获得土地、信贷等生产要素，公平参与市场竞争，同等受到法律保护。当务之急是着眼于公平保护产权，完善物权、合同、知识产权相关法律制度，加强对各种所有制企业和自然人财产权的保护，形成正向产权激励机制。抓紧制定实施统一公平公开的市场准入标准，放宽市场准入条件，对国资、民资、外资采取一视同仁的市场准入监管模式。落实公平竞争的审查制度，清理废除妨碍统一市场和公平竞争的各种规定和做法。打破行政性垄断、地域分割和行业垄断，加快要素价格市场化改革，加快自然资源要素管理体制和价格形成机制改革，推进土地、人力资本、资金、科技等领域改革，消除要素自由流动的体制障碍。加强市场基础性制度建设，使各类经济主体能够公平取得生产要素，实现机会公平。完善要素交易平台，发展各类要素市场，促进生产要素在城乡、地区、行业、企业间顺畅流动与优化组合。

（3）加快国有垄断行业改革开放步伐。加快推动国有经济布局优化、结构调整与战略性重组，积极推进经济性垄断行业和领域的产权结构、投资主体多元化改革，切实防止对国有企业的过度保护。积极发展国有资本、集体资本和非公有资本等交叉持股、相互融合的混合所有制经济。加快以建立健全现代企业制度为主旨的公司制股份制改革和企业治理结构创新。改革国有资本授权经营体制，加快国有资本投资、运营公司改革试点，建立以管资本为主的国有资产监管体系，优化国有资本配置。

（4）解决民间资本“不能投、不愿投、不敢投”的问题。完善和落实促进民间投资的各项政策措施，大力推动民间投资。鼓励民间资本进入基础性、资源性行业，支持民营资本参与垄断环节的特许权竞争。清理废除各类显性和隐性壁垒，在政策和资源配置上要给民间投资平等的地位和待遇，鼓励民营企业依法进入更多领域，保证民营企业依法平等使用生产要素，公平参与市场竞争，同等受到法律保护，真正解决民间资本“不能投、不愿投、不敢投”的问题。

（二）全方位支持自主创新， 提升实体经济核心竞争力

新科技革命和产业变革给实体经济发展提供了“弯道超车”的机会，要把科技创新作为引领实体经济发展的第一动力，加快培育创新主体，集聚创新资源，打造创新平台，完善创新体系，优化创新环境，持续深入推动大众创业、万众创新，更多依靠创新驱动和引领制造业做大做强及整个实体经济发展。

（1）完善产业创新体系。推动建立以制造业创新中心为核心载体、以公共服务平台为重要支撑的制造业创新网络，建立市场化的创新方向选择机制，鼓励创新的风险分担利益共享机制。积极推动产业技术创新平台建设，采取多种措施鼓励社会资源投入，充分发挥企业、科研院所等责任主体的作用，建设资源共享优势互补、具有较强技术推广服务能力的产业技术基础公共服务平台。加快发展众创园地、大学科技园、科技企业孵化器等创业服务平台。规范相关服务标准，开展技术研发、知识产权运用、检验检测、技术评价、技术交易、质量认证、人才培训等专业化服务，提升产业技术基础服务能力。

（2）强化企业在技术创新中的主体地位。建立以企业为主体、市场为导向、产学研深度融合的技术创新体系。健全企业主导产业技术研发的体制机制，促进技术、人才等创新要素向企业集聚，强化企业在产业技术创新中的主体地位和主导作用，打造一批拥有国际竞争力的创新型领军企

业，支持中小企业创新发展。鼓励有条件的企业参与国家重大科技项目和创新工程，开展前沿性战略性创新技术研发。推动企业加强技术研发机构的建设，改善科研仪器设备及中试线，大力支持重点行业骨干企业提升研发能力。对接国家重点建设、重大装备研制的工程技术类研发中心和实验室，优先在具备条件的行业骨干企业布局。选择一批具有自主知识产权、研发基础好、技术创新能力和行业带动性强的优质企业，作为国家技术创新示范企业，发挥其引领带动作用，促进行业创新发展。引导工业企业重视产品设计创新，培育一批专业化、开放型的工业设计企业，鼓励制造企业、工业设计企业、高等学校、科研机构建立合作机制，完善设计领域的创新生态系统。

(3) 加大关键共性技术开发力度。针对当前产业发展瓶颈及新兴产业发展急需，发挥行业龙头企业主导作用和高校、科研院所的基础作用，集聚创新资源，组织开展跨行业、跨领域、跨区域的产学研用协同创新。建立企业、科研院所与高等院校产学研用相结合的产业技术创新联盟，采取联合开发、利益共享、风险共担的模式，攻克一批对产业竞争力整体提升具有全局性影响、带动性强的关键共性技术，加快成果转化和工程示范。发挥国家科技计划的引导作用，完善技术创新支持政策，着力攻克一批关键共性技术、前沿引领技术、现代工程技术、颠覆性技术创新，推进智能制造工程、工业强基工程、绿色制造工程、高端装备创新工程等重大创新行动，加大实施国家科技重大专项的投入力度。

(4) 完善技术创新的动力机制。倡导创新文化，强化知识产权创造、保护、运用，推行加速折旧、减免税收等政策，强化技术创新主体激励机制。倡导具有时代特征、大国气质、专心敬业的“工匠精神”，构建法律、制度、契约的保障激励机制，提升中国制造的质量技术标准。完善融资、研发设计、科技成果检测、信息咨询等创业创新服务，促进科技同经济、创新成果同产业无缝对接。建立研发创新成果转化的利益激励机制。提高科研人员分享成果转化收益份额，制定个税抵扣、津贴、奖励等支持高水平人才队伍建设的政策。完善知识产权交易市场，促进技术成果流通。改进科技成果等无形资产的价值评估和融资方式。建立健全科技创新利益补偿机制，对企业技术研发、人才培训、设备更新、节能减排等活动实行财税优惠政策。支持企业建立开放式创新平台，鼓励支持企业与大学、科研机构共同建立实验室或研发机构。推广“专业科技企业孵化器+科技园区”模式，设立科技型中小企业技术创新基金，打造完善的科技成果转化链条。建立企业创新成本、风险分担机制，通过专利入股、知识产权抵押贷款、风险投资基金等多种方式分担、分散企业自主创新成本和风险。以政府采购和政策支持、组织和支持建立产业技术联盟等多种方式，支持行业共性技术、关键技术的研发和推广。鼓励企业和专业科研机构、高等院校参与国际标准的制定。

（5）完善人力资本质量提升机制。加强创新教育及人才培训，鼓励大学、科研机构与企业联合建立高级技术人才培训基地，促进创新人才培训的产学研合作，实现教育资源共享。着眼于关键环节，增强对研发、设计、营销、供应链管理、金融服务、信息咨询等专业人才培育。探索创新人才培育新模式，鼓励“订单式办学”。探索建立技术工人职称评定制度，打通职业上升通道，建立薪酬待遇提升机制。加大对农村剩余劳动力和下岗、转业职工的职业培训。引导和支持企业建立有效人才激励机制，灵活运用期权、股权、分红等利益分配方式吸引和稳定人才。营造造就职业企业家、领军性企业家的良好环境，建立创新人才引进、培养、选拔机制，造就大批由科研人员、技术人员、技术工人、经营管理人员、企业家组成的技术创新群体。支持制造业重点企业参与世界一流大学和一流学科建设，在更高、更广层次上促进制造业相关学科交叉融合。精准对接重点领域人才需求，促进学科专业设置与产业创新协调衔接。提升制造业人才创新能力和素质，培育大批能工巧匠。建设高水平的经营管理人才队伍，着力培育具有广阔国际视野和强烈创新意识的企业家。加强复合型领军性专业人才和技术技能紧缺人才培育，加快造就一大批具有国际水平的战略科技人才、科技领军人才和高水平创新团队。

（三）加强相关制度建设与市场监管，促进虚拟经济与实体经济协调发展

提高政府宏观管理水平，坚决管住货币信贷总闸门，加强虚拟经济监管体系和制度建设，完善相关法律法规，引导“虚、实”经济协调发展。对虚拟经济必须在体制、机制、制度等方面进行规范，尤其是虚拟经济领域的投机炒作行为和利润水平，要有制度约束。如房地产、股市、机构理

财业务等，凡是严重背离实体经济发展要求的，脱离国情、明显高于社会平均利润水平的，都要采取一定的法律制度和办法予以约束与规范，必要时使用适当的经济手段、行政手段直至法律手段进行干预，如征收资本利得税、暴利税等。

加强金融和资本市场监管，完善相关法律法规，完善信息披露制度，提高金融交易的透明度，严格规范市场主体行为。一是加强股市监管，加快证券发行、上市公司审批、核准、登记注册方式改革，抓紧完善上市公司分红制度、信息披露制度、新股发行和退市制度等，严格查处内幕交易、弄虚作假、恶意造势等违法违规行为，促进一级市场和二级市场协调健康发展。二是规范金融市场行为，建立统一监管机构，对金融衍生品实行集中监管。进一步完善金融监管体系，建立对互联网金融等新兴金融领域宽严适度的监管制度，整顿理财产品市场，打击各种非法金融活动。对于民间高利贷所得征收高额资本利得税，对投机性过强、回报率过高的投资品加强监测和监管，抑制过度炒作。严格市场准入制度，完善市场交易和清算制度，增强金融衍生品交易的透明度。

深化金融体制改革，创新和改进金融服务，构建多层次、多样化、服务能力更强、适用对象更广的多元化金融服务体系，增强金融服务实体经济的能力。一是同步推进金融市场化改革和法治化监管体系，推动金融领域简政放权、放管结合、优化服务，加快信用体系、担保体系和风险分担体系建设。全面清理金融自我服务业务，规范金融机构表外业务特别是衍生品交易，引导金融业更多地为实体经济服务。加快发展产业链金融、供应链金融、区块链金融，形成金融服务实体经济新优势。二是加快发展各种自担风险的区域性小型金融机构、社区金融服务组织、村镇银行等合法合规的金融主体，服务广大中小企业、创新型企业。在各大商业银行设立中小企业贷款部门，完善商业银行对中小企业金融服务工作考评机制。建立中小企业贷款风险和信用担保风险补偿机制，引导股份制银行开展针对中小企业的信贷业务。积极探索适合中小企业融资的担保方式。健全中小企业融资政策法规支持体系，有条件地承认企业间借贷的合法性。支持符合条件的商业银行发行专项用于小微型企业贷款的金融债，支持符合条件的中小型实体经济企业上市直接融资。建立专门为中小企业创新和发展提供包括信息咨询、技术支持、管理培训、信贷融资等的一站式服务体系。

三是加快发展直接融资服务的平台和通道，促进多层次资本市场健康发展。积极稳妥地发展企业债券（公司债），规范发展股市主板市场，积极推进二板、三板、创业板市场发展，大力发展风险资本市场，形成风险资本正常进入退出机制，设计适应特定实体经济企业直接融资需求特点的金融服务新产品，拓展实体经济企业融资空间，提高融资便利性，使实体经济企业能以合法方式和合理代价获得有效金融支持。

建立符合国情、符合房地产商品特性、适应市场规律的房地产业平稳健康发展长效机制，加快建立多主体供给、多渠道保障、租购并举的住房制度。大力推进财税体制、住房制度和建设用地制度改革，还原“房子是用来住的”基本属性，由行政性调控为主转变为以经济手段调控为主，抑制投资投机性购房需求，避免或减少房地产业无序发展对实体经济的挤压。对房地产业的调控，既要有短期性的应急政策，更要建立长效机制。从短期看，应采取提高购买二套房首付比例、取消房贷优惠、缩短贷款年限、打击取缔哄抬房价的不法中介机构、抑制投机性资本进入房地产市场等多种措施。根据一、二、三线城市的不同特点，实行不同的“限购”政策，以公租房、廉租房、经济适用房等方式切实保障低收入群体的基本居住权，满足中高收入群体对改善性住房的合理需要，抑制投资投机性购房需求。对于上一年度房价上涨过大的城市，政府应及时增加房地产开发用地供给。从长期看，要从住房制度改革、房地产税费改革、发展租赁市场、改革土地供应规则等方面通盘考虑，出台一揽子政策。要使不同产权属性和不同类型的房屋最大限度地流通和实际使用，也要尽量把老旧房屋循环再生利用，从更广泛的渠道释放更多的有效供给。为满足多层次、多样化的居住需求，并考虑到未来人口和劳动力流动性加大的趋势，应实行租售并举、以租为主的住房制度。通过加大保障性住房供给，开征房产税和房产交易增值税，并将批租制改为年租制，降低一次性购房，增加房产持有成本，以抑制投资投机性购房需求，挤出多余的泡沫，促进房价合理回归。加快建立小产权房税收制度，增加小产权房流动性。完善地方财税体系，合理调整中央和地方财政收入比例，促使地方政府减少对“土地财政”的依赖，将关注重心转移到发展实体经济上来。要科学调控房地产市场，综合运用城市规划、容积率标准、土地供应、信贷政策等手段，调控房地产供求总量和结构及租售价格水平，实行差异化区域调控，因城因地施策。加大棚改货币化安置力度，鼓励在城中村改造中推行货币化安置。积极推行公共租赁住房货币化，培育专业化的商品房租赁商，鼓励中小型房地产开发企业转型为专业化房地产租赁企业，大力发展住房租赁市场，鼓励长租公寓等租赁业务发展，加快建立健全房地产基础性制度和长效机制。

（四）树立“放水养鱼”意识，进一步加大降低实体经济成本力度

加强统筹协调、部门协同和各级联动，建立健全工作推进机制，以“治本”的方式降低实体经济成本，全力打好降低企业制度性交易成本及人工、税负、社保、财务、物流等成本“组合拳”，全面减轻企业负担。

以深化简政放权为核心，进一步深化“放管服”改革，减少审批环节、降低各类中介服务费用，打通政策执行“最后一公里”，切实降低制度性交易成本。强化“放水养鱼”意识，抓紧相关配套制度政策体系建设，有针对性地降低生产要素成本，合理控制企业生产要素如劳动力、土地、房租、融资等成本快速上涨的势头。通过加强垄断性能源企业经营成本监审、以电力和天然气为重点推行向用能大户直供、减少或取消附加于能源价格的基金等措施，有效降低制造业用能成本。适度减轻企业的社会成本支出负担。研究制定对各类企业的社会保险扶持政策。加大财政对社会保险的投入，提高财政支出用于民生的比例。以减轻中小企业社会成本支出负担为重点，以精简“五险一金”为主要内容，适当降低由企业承担的职工基本养老保险、基本医疗保险及失业、工伤、生育保险费率，出台合理调整企业社保缴费比例实施办法和细则。降低企业融资成本，下调银行服务收费，鼓励银行尤其是大型银行创新信贷服务方式，鼓励银行单列小微企业信贷计划，实施“无间贷”政策。增强中小企业直接融资的可及性，促进私募股权和创投基金发展，推进企业资产证券化，适度降低投资者进入新三板市场交易的资本门槛。加快启动企业上市注册制改革试点，降低企业直接融资的制度性交易成本。

继续推进结构性减税，着力降低生产环节税费。已出台的减税措施要真正落实到位，在全面“营改增”基础上，适度降低企业各项税率，加大结构性减税力度，拓宽减税范围，加快我国征税由生产环节向消费环节的

转变。根据经济景气周期，在经济低谷时期，对制造业可实行增值税临时减免政策。加大对实体经济企业尤其是制造企业税收扶持政策力度和范围。在总结对小微企业实行减半征收企业所得税优惠政策执行效果的基础上，适时研究对小微企业扩大税收优惠政策范围。研究增值税和营业税提高起征点的适用范围由个体工商户扩大到所有小微企业的可行性。通过财政补贴、税收抵扣、贷款贴息、加速折旧等多种支持方式，提高实业经济投资回报。可考虑将扶持“三农”的某些政策“移植”到中小制造企业，对中小企业“少取多予”。加大支持科技研发的税收优惠政策力度，放宽民间资本投资的税收抵免条件和纳税扣除适用范围，合并增值税税率档次。对企业新购进的用于替代劳动力的设备给予加速折旧政策。按照优化出口产品结构的要求，有针对性地加大产品出口退税支持力度。加快推进资源税改革，扩大资源税覆盖范围，落实好煤炭等资源税由从量征收改变为从价征收的政策措施。

开展涉企收费专项治理整顿行动，加大审计和督查力度，建立违法违规涉企收费惩处机制和企业维权机制，尽快推出一批制度性、管长远、见实效的清费举措。首要任务是抓紧建立收费目录清单制度，切实减少相关机构对涉企收费的自由裁量权。全面清查和纠正自立收费项目、超标准收费、扩大范围收费、取消项目继续收费等不合规收费行为。全面清理涉企行政事业性收费和政府性基金，涉及行政审批前置、市场监管和准入等具有强制垄断性的服务性收费，行业协会商会涉企收费等，清理规范行政审批中介服务事项收费。加强和规范收费公路管理，规范路政管理，加大对公路乱收费、乱罚款的清理整顿力度。

（五）加快产业转型升级，优化实体经济结构

把握全球新科技和产业革命兴起的趋势，着力突破重点领域关键环节的技术瓶颈，聚焦战略性新兴产业，打造若干重要产业集群；引导传统产业拓展新领域新空间，采用新业态，创新商业模式；加快发展平台经济、分享经济等新经济形态，推动新产业蓬勃兴起。

一是加强传统产业技术改造和模式创新。促进互联网、大数据、人工智能和传统产业深度融合，推动传统产业优化升级。加快突破制约实体经济转型升级的研发设计、供应链管理、品牌培育、营销等关键环节，加快

实体经济价值链升级、禀赋升级、载体升级。运用现代新技术，推动生产、管理和营销模式变革，促进新技术和新兴产业交互渗透融合，推动基于网络化、智慧化的多元产业“跨界融合”。积极培育现代信息技术与传统优势产业融合、信息企业与其他高新技术产业交叉融合而衍生的新兴产业和新型业态，形成多元化、多层次、多形式、多渠道产业融合发展的新模式。培育世界级先进制造业集群，促进大中小企业融通发展。大力推行网络化协同、个性化定制、在线增值服务、分享制造等“互联网 + 制造业”新模式，积极培育云端制造体系。实施工业互联网创新发展战略，加快构建新一代信息基础设施，打造网络、平台、安全三大体系，抢占数字经济发展主动权和话语权。加大制造业技术软件化力度，推动技术软件化、应用平台化、工程模块化，用软件定义制造业流程，促进流程再造。在新业态改造提升上，要推广共享经济模式，重点发展产能共享、设备共享。推动制造业研发、生产、管理、服务与互联网和智能技术深度融合，推进产品、生产、装备、管理、服务的智能化，提升制造业数字化、定制化、柔性化、网络化、智能化水平。

二是积极培育壮大战略性新兴产业，重点发展市场前景好、容量大、效益高的新产业新技术新业态新模式，着力推动制造业由价值链低端环节向高端环节延展提升，打造实体经济升级版，开辟实体经济发展的新空间。结合实施“互联网 +”、制造强国战略规划，大力发展分享经济、数字经济、生物经济、绿色经济、创意经济、智创经济等新经济、新业态、新模式，扩大高质量产品和服务供给。

三是加快构建市场化法治化淘汰出清落后过剩产能的长效机制。去产能不要理解为去制造化，而要把去产能与调结构、促转型结合起来。坚持分类施策、多措并举、标本兼治，综合运用法治和市场化手段，统筹推进“五个一批”，即引导主动退出一批、倒逼出清一批、优化整合一批、转移消化一批、改造提升一批。鼓励创新创业，实行“腾笼换鸟”，实现扭亏转盈，推动产业结构优化升级。更多地通过市场化、法治化方式实现市场出清，通过建立公平的竞争市场秩序，充分发挥市场机制的优胜劣汰作用，淘汰一批传统行业的落后过剩产能，清除“僵尸企业”。强化环保、能耗、水耗、安全、质量、技术标准，加强财政、金融、价格、土地等政策的协调配合，依法依规倒逼落后产能加快退出。综合考虑去产能任务要求，在科学测算的基础上，加快制定并严格执行钢铁、煤炭、电力等行业环保、能耗、安全等功能性市场准入标准。对超过能耗限额标准和环保不达标的企业，实行差别电价、惩罚性水价等措施，增加落后企业和过剩产能的生产成本，迫使其加快其淘汰步伐。抓紧处置“僵尸企业”，支持相关企业通过合并、兼并、破产、出售、拍卖、收购等方式实现重组重生、转型升级，提高企业效益、竞争力和产业集中度。支持企业跨地区、跨所有制兼并重组，严禁落后产能转移。在资产、债务处置和员工安置方面给予去产能企业更大支持。尽快修订完善有关资产处置、债务清偿、破产清理等方面的法律法规，研究国有煤矿、国有钢厂关闭退出后资产、债务处置办法，促进不良资产残余价值变现和提升，明确非独立法人煤矿的债务分割方法。做好去产能所导致的失业人员的托底保障工作，加强失业监测和预防，动态掌握下岗职工再就业信息，制定应对规模性失业风险预案，加大对下岗职工安置、转岗、再就业培训的帮扶力度，减轻企业压力。制定盘活破产企业、土地资源的相关政策。去产能要重视区域差异，不搞一刀切，避免不顾地区差异的总量控制和任务分解方式，慎用技术装备、生产规模等微观标准调节产能。

（六）着力深挖国内需求潜能，拉动实体经济发展

我国是世界上最大的发展中国家，具有规模超大、需求多样的国内市场，潜力巨大。供给侧结构性改革和扩大内需不是非此即彼的对立关系，实施供给侧结构性改革并不意味着要改变扩大内需这一既定国策。要继续深挖旧动力的潜能，打好稳投资、促消费、扩出口这“三驾马车”协同发力的组合拳，特别要注重引领和创造消费需求，高度重视依托 13 亿多人口的国内大市场，坚持把扩大内需作为经济发展的长期战略方针和基本立足点，主要依靠扩大内需来拉动实体经济的长期稳定和持续发展。

完善促进消费的体制机制，增强消费对实体经济发展的基础性作用。适应消费结构升级的要求，通过调整宏观收入分配结构，适当提高居民收入和劳动报酬占比，改善消费环境，增强消费能力，改善大众消费预期，释放消费潜力，着力扩大居民消费。面对居民消费需求从模仿型、排浪式消费向个性化、多样化消费转变的新趋势，要以扩大服务消费和消费品供给提质上档为重点来带动和支持消费结构升级，支持信息、绿色、时尚、

高品质品位等新型消费，稳步促进住房、汽车和健康养老等大宗消费。积极发展网络购物等新型消费业态，推动线上线下融合等消费新模式发展。增加消费信贷品种，健全消费信贷的担保与保险制度。以重要旅游目的地城市为依托，优化免税店布局，培育发展国际消费中心。积极引导海外消费回流。以降低中低收入群体的个人所得税水平、提高高收入群体所得税水平为基本方向，推进个人所得税改革。加快收入分配制度改革，改革和规范公务员工资制度，推进事业单位收入分配制度改革，完善社会保障制度，多渠道增加城乡居民特别是中低收入群体的收入。加大整顿和规范市场秩序的力度，实施消费品质量提升工程，强化消费者权益保护，营造放心便利的消费环境，为居民消费的稳定增长创造良好的市场环境。

围绕增加有效供给稳步扩大投资需求，深化投融资体制改革，优化投资结构，提高投资效率，发挥投资对优化供给结构的关键性作用。营造宽松公平的投资环境，切实落实促进民间投资实施细则，支持民间资本进入符合国家产业政策的行业和领域，鼓励民间资本和企业投资，激发民间资本活力和潜能。拓宽储蓄向投资转化的渠道，以证券化手段提升直接融资比例。充分发挥政府投资的杠杆撬动作用，加大对公共产品和公共服务的投资力度，加大人力资本投资，增加有利于实体经济持续健康发展的投资。

（七）积极推进开放合作，拓展实体经济发展新空间

把握经济全球化的新形势新特点，积极探索合作共赢新模式，在更高层次、更大范围、更宽领域、更高标准上参与全球的经济竞争与合作。通过参与全球资源配置、业务流程再造、产业链整合、资本市场运作等方式，在世界范围内寻求要素的最佳组合和资源的最优利用，在全球布局产业链和创新链，在合作共赢中提升我国实体经济竞争力，拓展实体经济发展新空间。

（1）加强国际技术合作。鼓励企业开展国际技术交流活动，采取科技合作、技术转移、技术并购、创新资源共享、参与国际标准制定、在国外设立研发中心等多种方式，推行远程研发、离岸孵化、协同制造，形成“资源共享”和“智力共享”，快速提升我国产业技术创新能力和在全球的影响力、话语权。鼓励外商投资实体经济，加强与世界一流跨国公司的

合资合作，吸引有实力的跨国公司在我国设立高水平的研发中心、生产中心和运营中心，充分发挥外资企业对促进我国实体经济发展的积极作用。建立统筹协调机制，积极引导国内实体经济企业“走出去”，推动企业在境外开展并购和股权投资、创业投资、联合经营、设立分支机构、研发中心、实验基地和全球营销及服务体系。

（2）积极推动国际产能合作。以优势产业为重点领域，以“一带一路”国家为重点区域，开展国际产能合作，在国外建设一批国际产能合作示范区。鼓励制造企业积极从事国际总承包、总集成，带动包括装备、资本、技术、标准、品牌输出的贸易投资，培育“优进优出”新模式，引导国际产能合作向更大规模、更广领域、更高层次发展，拓展市场新空间。完善与有关国家在投资保护、金融、税收、通关、人员往来等方面合作机制。深化境外投资管理体制改革，完善对中央和地方国有企业的境外投资管理方式，为企业“走出去”提供全方位的综合支持和服务。加大财税、金融等支持国际产能合作力度。对高铁、核电等我国优势产能走出去提供出口信贷等政策支持。出台鼓励企业与跨国公司开展合作研究、收购品牌等方面的具体扶持措施。发挥行业协会和中介组织作用，对国际产能合作强化服务保障和风险防控。

（3）加快推进加工贸易和外资利用结构升级。针对国内要素成本不断上升的趋势，推动加工贸易和外资利用结构升级。放宽服务业、制造业、采矿业等领域的外资准入限制，鼓励外商投资高端制造、智能制造、绿色制造，以及工业设计和创意、工程咨询、现代物流、检验检测认证等生产性服务业。支持内外资企业、科研机构开展研发合作。允许外资企业有条件地参与承担国家科技研发项目。拓展对外贸易，培育贸易新业态新模式，推进贸易强国建设。推广复制自贸区新一批改革试点经验，推进国际贸易“单一窗口”建设，全面实施“外商投资准入前国民待遇 + 负面清单”管理制度，营造国际化、法治化、市场化的营商环境。赋予自由贸易试验区更大改革自主权，依托已设立的自由贸易试验区，建立完善海关监管、检验检疫、退税、跨境支付、物流快递等支撑体系，建设跨境电商平台和保税商品展示交易平台。扩大市场采购贸易方式试点，创新贸易主体、海关通关、检验检疫、外汇税收管理体制，探索形成适应市场采购贸易方式的管理模式。完善跨境电子商务管理制度，支持建设跨境电子商务公共服务平台，开展“一次申报、一次检验、一次放行”和“三互”通关查验模式，鼓励开展网购保税进口备货模式（BBC）、零售出口海外直邮（B2C）跨境电商业务。支持企业建设出口商品“海外仓”和海外运营中心，探索建设全球性产品交易展示中心和国内进出口货物集散中心。

（4）促进国内产业跨区域转移。大力实施京津冀协同发展战略，疏解北京市非首都功能，调整优化区域产业布局，推动京津冀产业协同互补发展。以长江经济带为重点区域，推进东南沿海地区向中西部地区的产业转移。统筹谋划跨区域大型基础设施建设，为承接产业转移创造条件。建立更加有效的区域协调发展新机制，打破行政区划壁垒，鼓励跨行政区的产业合作，建立跨区域产业联盟，实现利益共享。设立产业转移的负面清单，通过建立安全、环保和技术等指标体系，完善产业跨区域转移的监管机制。结合国家主体功能区规划，完善区域差异化发展政策，制定差异化技术标准和环境政策。

（**执笔人：**费洪平　王岳平）

参考文献

[1]李星,范祚军. 浅析虚拟经济与实体经济的关系[J]. 商业时代,2005(6).

[2]成思危. 研究虚拟经济 促进经济发展[N]. 光明日报,2002-10-31.

[3]郑文博. 论虚拟经济和实体经济的关系[J]. 市场经济研究,2004(3).

[4]张纪. 产品内国际分工:动因、机制与效应研究[M]. 北京:经济管理出版社,2009.

[5]王岳平. 中国产业结构调整和转型升级研究[M]. 合肥:安徽人民出版社,2013.

[6]张辉. 全球价值链动力机制与产业发展策略[J]. 中国工业经济,2006(1).

[7]唐海燕,张会清. 产品内分工与发展中国家的价值链提升[J]. 经济研究,2009(6).

[8]冯国华. 打造大数据驱动的智能制造业[J]. 中国工业评论,2015(4).

[9]黄顺魁. 制造业转型升级:德国"工业 4.0"的启示[J]. 学习与实践,2015(1).

[10]罗能生,罗富政. 改革开放以来我国实体经济演变趋势及其影响因素研究[J]. 中国软科学,2012(11).

[11]黄群慧. 新经济的基本特征与企业管理变革方向[J]. 辽宁大学学报(哲学社会科学版),2016(5).

[12]黄群慧. 中国工业在稳增长与调结构之间寻求平衡[N]. 上海证券报,2016-07-21.

[13]国家制造强国建设战略咨询委员会. 中国制造 2025 蓝皮书(2016)[M]. 北京:电子工业出版社,2016.

[14]黄群慧. 经济新常态、供给侧改革与产业发展[M]. 北京:中国社会科学出版社,2017.

[15]杨兴友. 科学认识新常态、主动适应新常态[J]. 理论与当代,2014(11).

[16]黄群慧,贺俊."第三次工业革命"与中国经济发展战略调整[J].中国工业经济,2013(1).

[17]王钦.新工业革命背景下的管理变革:影响、反思与展望[J].经济管理,2014(12).

[18]陈亚男.高外贸依存度下我国外贸结构问题研究[D].大连:东北财经大学,2007.

[19]刘丽芹.论我国的外贸依存度[D].长春:吉林大学,2007.

[20]杨金鑫.劳动力成本、质量与中国的比较优势变迁[D].广州:暨南大学,2013.

[21]Boudreau K J, Lakhani K R. Using the crowd as an innovation partner [J]. Harvard Business Review,2013(4).

[22] Kaplinsky R. Spreading the gains from globalization: What can be learned from value chain analysis? [J]. Journal of Development Studies,2004,37(2):117 - 146.

[23]Schott. Across - Product versus Within - Product Specialization in International Trade[J]. Quarterly Journal of Economics,2004,119(2):647 - 678.

[24]Srholec M. High - tech Exports from Developing Countries: A Symptom of Technology Spurts or Statistical Illusion? [J]. Review of World Economy,2007,143(2):227 - 255.

[25] Adner R, Kapoor R. Value creation in innovation ecosystems: How structure of technological interdependence affects firm performance in new technology generations[J]. Strategic Management Journal, 2010,31(1).

[26]Becattini G. The Development of Light Industry in Tuscany: An Interpretation, Economic Notes,1978. Vol. 2(3):107 - 123.

[27]Jacobs J. The Death and Life of Great American Cities, New York: Vintage,1961.

[28]Lewis N, Moran W, Perrier - Cornet P. and Barker,J.. Territoriality, Enterprise and Reglementation in Industry Governance, Progress in Human Geography,2002. Vol. 26(4),p. 441.

[29]Storper M. The Regional World: Territorial Development in a Global Economy, New York: Guilford Press,1997.

第二章 振兴实体经济、壮大制造业政策研究述评

内容提要 振兴实体经济、壮大制造业研究课题主要集中在实体经济的概念和内涵、实体经济与虚拟经济关系、当前我国实体经济面临的困难与问题、制约我国实体经济发展的原因、重振制造业的国际经验、壮大我国制造业的政策措施等方面。现有文献对实体经济的内涵还缺乏统一的认识，针对我国实体经济特别是制造业存在的问题及原因的分析已经比较多，提出壮大制造业的政策措施也比较充分，但需要进一步梳理思路，解决我国制造业“脱实向虚”、大而不强的问题。

实业乃立国之本，缺少实体经济支撑的经济繁荣是不可持续的。我国经济自改革开放以来取得了巨大成就，但近年来，我国实体经济发展出现了诸多问题和困难，如产业空心化，大量产业资本流入虚拟经济领域，实体经济“供血”不足问题日益突出。针对这些问题，众多专家学者从不同角度和方面进行了深入细致的研究，我们将从实体经济的概念和内涵、实体经济与虚拟经济的关系、当前我国实体经济面临的困难与问题、制约我国实体经济发展的原因、重振制造业的国际经验、壮大我国制造业的政策措施等方面对这些研究成果进行梳理、归纳和总结。

一、概念和内涵

（一）实体经济与虚拟经济研究的理论基础

实体经济是相对虚拟经济而言的，西方经济学研究中实体经济和虚拟经济划分最早可追溯到实际和名义变量两分法。休谟和古典经济学家认为

货币制度发展影响名义变量，但不影响真实变量。这便是古典两分法，暗含实际变量和名义变量运行模式的本质差异。凯恩斯强调货币作为一种资产具有价值储藏功能，提出货币的边际效率理论，通过利息率将货币和投资、就业、国民收入等实际经济因素联系起来。凯恩斯（1936）所使用的与现实的国民收入核算体系相一致的所有宏观变量只是货币量值，“倾向于把货币理论变成一个总产量理论”。希克斯（1937）设计的IS－LM模型对凯恩斯的理论作了较清晰的阐述。IS曲线基本代表实际经济层面，LM曲线基本代表货币金融层面；LM曲线移动造成的产出变动，即用简单模型显示了货币、金融对实际经济的影响。沿着凯恩斯的思路，托宾（1958）提出了资产组合理论，把实际资产（土地、耐用消费品等）和金融资产（货币、债券等）都作为资产对待；将货币收支看成是实际可支配收入的组成部分，影响着人们的消费与储蓄行为。综上，西方经济学往往把实体经济定位为企业和家庭的生产、消费、交换活动，而把货币和金融层面的活动作为实体经济的反面，并没有明确的虚拟经济概念。

我国学者们基于马克思虚拟资本的概念衍生出虚拟经济的概念。虽然对实体经济和虚拟经济的定义不尽相同，但是经济活动是否包含人类劳动，是否创造新价值是判断实体经济和虚拟经济的重要标准。成思危认为实体经济和虚拟经济划分本质上属于马克思劳动价值范畴。最早提出虚拟资本概念的是英国银行家威利瑟姆，他在《关于通货问题的书信》（1840年伦敦增订第二版）中，把流通领域中用来代替营业汇票的融通票据称为虚拟资本。马克思借用威利瑟姆虚拟资本概念提出了资本循环过程，即首先使用货币资本通过交换雇佣工人，购买原料、机器和建厂房，然后通过生产变成产品，产品通过流通变成商品，商品经过交换再变成货币。这一过程创造了剩余价值，因此也是实体经济过程。虚拟资本由借贷资本演化而来。借贷资本是资本所有者为了获取利息，而暂时贷放给职能资本使用的闲置的货币资本，是指通过信用手段为生产性活动融通资金。这一过程体现了虚拟资本的食利性，不经过生产过程，直接转移价值。可以说，马克思是第一个系统研究虚拟资本理论的经济学家。然而局限于时代和经济发展过程，虚拟经济的概念在当时并没有明确提出。

（二）概念与内涵

究竟什么是实体经济，理论和政界有不同看法。一种观点认为，除了证券行业以外的各个行业，均属实体经济范畴，包括农业、工业、交通运输业、通信业、商业服务业、建筑业等物质生产和服务部门，也包括教育、文化、信息、知识、艺术、体育等精神产品的生产和服务部门，它是人类社会赖以生存和发展的基础。另外一种观点认为，除金融和证券以外的各个行业均属实体经济。第三种观点认为，除金融、证券、房地产以外的各个行业均属于实体经济。赵振华（2012）认为，除虚拟经济以外的各个物质生产和服务部门均属于实体经济范畴，既包括看得见的实物生产部门，也包括看得见的产品交换等非生产部门，还包括看得见的服务业提供的各种服务。从人类经济发展史来看，实体经济的范畴在不断扩大，特别是第一次产业革命以来的近200年，产业的外延不断扩展，无论是物质产品的生产还是精神产品的生产，都不断发展出新的实体经济形态。

从发展趋势来看，实体经济形态不是单一的而是复杂的和多项的，比如互联网带动了诸多新兴产业，如网上购物、网上娱乐等。黄荣英（2004）认为，实体经济是指物质、精神产品的生产、销售及提供相关服务的经济活动，不仅包括农业、工业的物质生产活动，也包括商业、教育、文化、体育、艺术等精神产品的生产和服务，还包括电子商务、网络经济、现代传媒等。李星等（2005）认为，实体经济是用于描述物质资料生产、销售以及直接为此提供劳务所形成的经济活动。实体经济的特征和社会生产再生产、资金周转与循环的经济现象密切相关，主要存在于农业、工业、交通运输业、商业、建筑业等产业部门，是一个社会发展进步所依赖的坚实经济基础。高国梁（2011）对实体经济的认知更全面，他认为实体经济是以商品和服务的创造为基础，以满足社会物质文化需要来实现价值，以商品或服务为买卖标的，以获得商品和服务的所有权和使用价值为目的，通过劳动实现其价值物化为商品价值，以商品供求规律为依据。

对实体经济的另一种观点则未将提供服务的行业包括在实体经济的范围之内，仅以实物形态来划分。如郑文博（2004）指出在经济运行中，“实体经济”是用于描述物质资料生产、销售以及直接为此提供劳务所形成的经济活动的概念，它主要包括实物生产的产业部门。任洒洒（2012）

认为实体经济是围绕“生产”形成的经济部门，无论此种生产的是“实物”还是“虚物”，其所涉及的行业主要包括农业、工业、建筑业以及交通运输业等，其中以工业，尤其是工业中的制造业为主体。目前，对于房地产属于实体经济还是虚拟经济范畴存在着较大争议。确切地说，房地产是个具有二重性的产业，既有虚拟经济成分也有实体经济成分。郭代谟（2012）把房地产作为实体经济的一部分，他认为按照马克思主义理论的要求，实体经济首先是属于物质生产领域范畴的产业，包括农业、工业和建筑业；其次包括交通运输、仓储及邮电通信业，批发和零售贸易、餐饮业，也包括房地产。因此，实体经济不应具体指某些产业，也没有明确的产业界限。无论采取哪种定义和范围，实体经济的核心还是工业制造活动，以制造业为核心的实体经济仍然是我国经济的主体（张航燕，2016）。

二、实体经济与虚拟经济关系

（一）国外相关研究

国外学者关于虚拟经济对整个经济运行方式影响的研究较少，虚实关系研究主要集中在资产价格与实际产出、金融市场与实体经济关系以及相互影响方面。虚拟经济对实体经济作用机制方面的相关研究，可追溯至魏克赛尔和凯恩斯的研究，他们在以货币为代表的虚拟资产对实体经济的作用机制方面做出了先驱性分析。魏克赛尔在《利息与价格》中提出了著名的基本积累过程理论，该理论揭示了以利息率为中介的虚拟经济与实体经济的关联方式。魏克赛尔（1959）把利率分为自然利率和货币利率，认为当货币利率低于自然利率时，市场因获利希望较大而扩大生产，生产扩大导致生产资料价格上升，进而使生产资料所有者的货币收入增加；在利率较低的情况下，增加的货币收入相对于储蓄而言更多地用于消费，由此会造成消费品需求上升，这便形成经济上升的积累过程。相反，如果货币利率高于自然利率，则与上述情况相反，形成经济下降的积累过程。

在魏克赛尔之后，凯恩斯用资本边际效率代替了自然利率，认为可以将资本边际效率看作投资收益，而货币利率（或市场利率）看作投资的机会成本。与魏克赛尔不同，凯恩斯将投资者预期考虑进分析过程，预期的不确定性使投资行为趋于复杂。当资本边际效率高于市场利率，投资扩张；反之，投资缩减，但利率的传导机制并未发生变化。延续凯恩斯的思想，希克斯提出了著名的 IS－LM 模型。托宾进一步丰富了凯恩斯的思想，提出了托宾 Q 理论（企业市场价值/资本重置成本），托宾认为风险规避者面对不确定的资产报酬率，对资产的组合行为，除考虑资产报酬的预期值外，还须考虑资产的风险程度。托宾研究的创新之处在于将这一理论运用到货币需求的研究中，补充和发展了凯恩斯的流动偏好理论。

（二）国内研究

实体经济与虚拟经济关系研究是当前我国经济领域的研究热点，研究成果已比较丰富。国内学者们运用不同的分析方法在不同视角下对两者的关系进行了深入探讨。

1. 构建模型对二者关系进行实证研究

伍超明（2004）通过货币、虚拟经济与实体经济关系模型分析发现，股票资产收益率和实物资产收益率的差异是股实背离的主要原因，而收益率差异又根源于股市结构和实体经济结构的非对称性。股票市场是虚拟经济的重要组成部分，显然伍超明的研究说明了为何虚拟经济和实体经济的背离越来越大，正是由于两者收益率的巨大差距才导致其结构不合理性日益明显。只有对资本市场体制进行改革，才能使实体经济和虚拟经济协调发展。刘金全（2004）通过计量检验方法，采用货币总量度量虚拟经济规模，产出作为实体经济的替代变量，利用 VAR 模型分析了货币供给行为和实际产出行为的动态影响。得出结论：我国虚拟经济和实体经济在规模上存在关联性，并且长期存在相互促进的良性关系。虚拟经济对实体经济具有显著的“溢出效应”，而实体经济对虚拟经济具有显著的反馈影响。

刘霞辉（2004）利用资源转换概率模型分析虚拟经济与实体经济的关系，认为从长期经济增长趋势来看，任何一方面的偏离均对增长无益；从短期看，任何投资不均衡均有可能引起宏观经济大幅波动。王国忠等利用 1919—2004 年的数据分析虚拟经济与实体经济相关性的时变特征，验证了经济虚拟化后虚拟经济作为与实体经济相对的经济系统的独立性特征。马卫锋等（2005）利用我国 27 个省、区、市 1978—2002 年的数据研究表明，我国金融系统对实体经济增长的贡献是通过投资总量而非效率提高的途径实现。周业安等（2005）在国外学者现有研究基础上，构造了我国金融市场化指数并将其引入标准金融发展和经济增长模型，发现我国金融市场化进程一定程度上正向影响实体经济增长，但金融结构与经济增长呈相反方向关系。

曹源芳（2008）分别利用上证综合指数和我国工业增加值来表征虚拟经济和实体经济，实证分析了我国虚拟经济和实体经济的关系，得出的结论与刘金全差异较大，认为我国虚拟经济与实体经济是背离的，二者之间不存在长期稳定的协调关系。刘思峰、袁潮清等（2011）在广义虚拟经济视角下，借助种群生态学中的 Logistic 模型，在虚拟经济与实体经济发展关系的基础上构建了虚拟经济与实体经济协调发展模型，研究了二者协调发展的均衡点及稳定性。其研究结果表明，只有二者之间的相互促进作用适度才能使经济保持平稳发展趋势。周莹莹、刘传哲（2013）借助综合变化协调度方法及耦合协调度模型，测算了我国虚拟经济与实体经济系统间的静态协调度及动态协调度，得出结论：近年来，尤其从 2007 年开始虚拟经济与实体经济间呈现弱度失调状态，2008 年弱度失调相对较明显。

2. 虚拟经济与实体经济的描述性分析

娄彩萍（2010）认为虚实二者的关系是实体经济借助于虚拟经济，虚拟经济依赖于实体经济。实体经济要生存发展，除了具备良好的内部经营环境外，还必须有良好的外部宏观经营环境，包括全社会的资金总量状况、资金筹措状况、资金循环状况等。这些外部环境因素和虚拟经济之间存在着直接或间接的关系。当虚拟经济发展与实体经济发展相适应时，虚拟经济发展会促进整个经济发展；当虚拟经济脱离实体经济而过度膨胀时，则会产生经济泡沫，造成经济虚假繁荣。因此要着力发展实体经济，并根据实体经济发展状况发展虚拟经济，使二者相互适应、相互促进。实体经济与虚拟经济有效合理互动，可以助力经济发展。虚拟经济应以实体经济为基础，发挥优化配置资金资源、促进技术进步和实体经济发展的功能（张航燕，2016）。

黄瑞玲（2003）基于马克思《资本论》的分析视角，指出实体经济和虚拟经济是一个事物的两个层面，实体经济是本源，虚拟经济是第二性的，同时以推动实体经济发展为目的。虚拟资本理论是马克思经济理论宝库中最复杂最难懂的部分，是自由竞争资本主义纷纭复杂经济生活的缩影。经过一个多世纪的发展，现代的虚拟经济已经占据发达国家经济构成的重要地位，并实际影响着全球经济发展的进程。党的十六大首次郑重提出必须“正确处理发展虚拟经济与实体经济的关系”问题。所谓虚拟经济是指“以信用工具为载体和以投机牟利为目的的、相对实体经济而存在的、表现为价值独立化运动的一种经济”（梅子慧，2002）。杜厚文、伞峰（2003）从狭义虚拟资本的角度考证了虚拟经济的规模，分析了虚拟经济与货币经济和实体经济在经济运行中存在的主要区别。金碚（2012）认为在工业化时期，实体经济的核心和主体部分是第二产业特别是制造业，这是经济增长的主要动力。金融业发展在服务实体经济的合理限度内具有真实增长意义，其提供的服务有利于促进实体经济的增长，但超过一定限度，金融业自我扩展和衍生膨胀，并推动实体经济的产品和资产过度金融化，将形成巨大的虚拟经济“泡沫”，成为吸引社会资源的引力“黑洞”，终将危及实体经济的正常运行和导致巨大的金融风险。

三、实体经济发展困难与问题

以制造业为核心的实体经济是我国经济的主体，现阶段出现“脱实向虚”发展趋势，实体经济面临着“空心化”风险。对我国当前实体经济特别是制造业发展面临的困难与问题的研究很多，综合起来看，当前我国实体经济面临的主要问题包括以下几个方面：

（一）实体经济发展动力不足

实体经济增速趋势放缓、效益下降，增长动力不足。张航燕（2016）认为，当前中国经济所处内外环境发生了深刻变化，已经进入新常态。实体经济增长速度由之前的两位数增长转变为个位数增长。2011 年，中国规模以上工业增加值同比增长 13.9%，到 2015 年规模以上工业增加值同比增速下降至 6.1%。经济增长动力不足主要体现在以下几个方面：一是长期以来的模仿策略引致知识产权保护不足，企业创新意愿偏弱。二是技术差距依然存在，研发投入少，企业创新能力不足。三是有效需求不足，企业成长空间受限（刘兴国，2015）。

（二）传统产业产能过剩

产能过剩被国内学者认为是我国实体经济特别是制造业发展面临的主要问题之一。张航燕（2016）认为国际金融危机爆发以来，世界经济复苏乏力，全球供需关系发生了重大变化，产能过剩问题成为全球性问题。自2011年起，我国以钢铁、煤炭为代表的传统行业产能过剩情况非常严重，“去产能”也因此成为2016年结构性改革五大任务之首。产能过剩成为当前压在我国实体经济身上最为突出的负担，是当前制约中国经济持续健康发展的关键问题（赵海娟，2016）。高伟（2014）认为市场经济条件下，特别是在我国所处的特殊经济发展阶段，适度的产能过剩有利于发挥竞争机制的作用。然而，当前我国部分行业的产能过剩已经超出正常的市场承受范围，对实体经济增长和平稳运行造成了严重的影响。首先，产能过剩弱化了需求增加带来的实体经济复苏动能。当前产能过剩问题不断蔓延，无论是传统行业还是新兴行业，或者由于投资能力被削弱，或者由于存在较大风险，实体企业都缺乏投资的动力或能力。因而，在政府采取扩张财政政策的情况下，投资乘数会降低，私人投资也难以启动，未能有效带动实体经济投资增长。其次，产能过剩会削弱实体企业的赢利能力。产能过剩意味着市场供大于求，价格下行压力将不断加大，企业普遍经营困难，亏损面扩大，效益下滑。产能过剩在供大于求的情况下压低了价格，导致生产者价格指数走低。最后，增加实体经济融资难度。我国金融资源主要集中于产能过剩的国有及国有控股企业，民营经济很难得到有力的金融支持（陈彬，2016）。产能过剩行业稀释流动性，过度消耗新增资金，使得货币政策乘数降低，一定程度上造成了民营企业资金获取困难，增加了实体经济融资成本。

（三）产业空心化

产业空心化是国内诸多学者在研究我国实体经济问题时普遍认同的观点之一。康文峰、刘楚楚（2014）认为产业空心化在我国的表现，一是“青黄不接”，即传统产业升级与新兴产业不能有效地实现对接、升级、换代，都呈现弱势。随着市场经济各项成本的不断提高及日趋激烈的竞争，许多传统实体企业无法转型升级满足市场的需求，逐渐退出传统产业。二是“核心技术依赖性”，即我国大部分产业的核心技术仍然掌握在发达国家跨国公司手中，国内企业仍处于依附或从属的地位，在国际竞争中的声音和话语权仍然不强。三是社会资本游离于实体产业之外。由于实体经营利润急剧减少，企业逐渐把资金从实业中抽出来投资于楼市和股市等虚拟经济行业。对2003—2010年我国全社会固定资产投资分析发现，房地产投资额逐年攀升，已成为我国社会资本投资的重要领域。四是实体企业转虚日渐增多。由于我国制造业利润微薄及虚拟经济高利润率、高回报率的诱导，出于规避风险的考虑，大量实体企业纷纷转向以房地产业为代表的虚拟经济行业，“离制造业”和“离实体”经济加剧了产业的空心化。唐斯斯（2012）把制造业、建筑业和交通运输业作为实体经济的重要组成部分，把房地产和金融作为虚拟经济的重要组成部分，实证分析了我国实体经济部门创造的GDP占GDP比重从2006年的44.29%下降到2010年的40.72%，以此来证明我国产业空心化问题，主要表现为资本纷纷撤离实体经济部门，更热衷于流向房地产、互联网、股市等虚拟经济领域，吹大了资产泡沫；外国资本把核心制造部门撤出中国；传统制造企业纷纷进军资本市场，从事贷款、担保、房地产等行业。

（四）成本高企对实体经济带来巨大冲击

以低生产要素成本为基础的比较优势逐渐丧失。改革开放以来，随着国际分工的不断发展，我国外向型经济飞速发展，进而带动实体经济快速增长。过去我国参与国际竞争的最大比较优势就是低要素成本，包括劳动力工资、土地价格、原材料成本以及能源价格等，这是吸引大量外国投资、发展加工贸易，从而带来经济高速增长的主要原因（李鹏飞，2012）。然而，随着经济发展水平的提高，我国生产要素价格不断上涨。人口结构变化和刘易斯拐点的到来，导致我国低端劳动力工资进入上升期，同时，土地、能源、原材料等价格也在不断上涨。成本优势丧失也是我国代工制造业向东南亚转移的重要原因。经过30多年的快速发展，目前中国代工制造业已经面临发展困难，我国特别是东部沿海地区的生产成本大幅度上涨，低成本优势已经不再明显，对外资的吸引力有所下降。2012年中国的外商直接投资总额为1117亿美元，同比减少3.7%（王晓萍、胡峰，2014）。

成本是为取得物质资源所需付出的经济价值。当前实体经济饱受“显性成本”与“隐性成本”的双重挤压。“显性成本”主要是指企业的主营业务成本，从主营业务成本率来看，2010 年中国企业每百元主营业务收入成本为 83. 94 元，此后几年主营业务成本率呈现周期性上涨态势，2015 年升至 85. 68 元（张航燕，2016）。在主营业务成本中，一是劳动成本上升。劳动力工资成本在过去 10 年累计涨幅达到 187%，特别是 2010 年以后提升速度加快。二是融资成本不断增加。实体经济融资难、融资贵已经成为经济发展的顽疾。过高的利率水平已超出实体经济可以承受的极限。企业每百元利润支出的财务费用从 2010 年 16 元增加至 2015 年 21 元。三是存货积压引起的库存成本增加。2011 年工业企业产成品存货为 27818. 2 亿元，2015 年产成品存货增加至 38700. 1 亿元。2015 年我国工业企业的存货周转天数是 38. 1 天，比 2011 年增加了 1. 9 天。企业过高的库存和较低的库存周转率，一方面会占用大量的货币资金；另一方面增加了仓储费用、产品拣选时间和大量的人工费用。四是能源成本增加。有研究表明，企业电力成本在过去 10 年累计上涨了 138%。目前我国企业所支付的 0. 5 元/度的价格比欧洲电力高出近 50%，与其他能源丰富国家的价格更是无法相比。怀仁（2014）认为我国税费成本相对较高，一方面直接提高了实体企业投资与生产成本，侵蚀了实体经济经营利润，另一方面挤压居民收入增长，从而降低实体经济需求，抑制了实体经济发展活力。

“隐性成本”是指制度成本或者称之为体制性成本，主要是指企业因遵循政府制定的各种制度、规章、政策而需要付出的成本。比如，法定成本（须通过修改政策法律才能调整的“五险一金”缴存比例），又如制度成本（靠制度改革才能降低的审批、认证等）等。2016 年 5 月 9 日《人民日报》刊发了针对 53 家企业的大型调查报告，报告显示目前企业承受的“制度性交易成本”困扰最大（张航燕，2016）。

长期来看，生产成本上升能够倒逼我国实体经济发展从依靠要素驱动向依靠创新驱动转变，促进产业转型升级。短期来看，生产成本上升过快，超过了实体经济劳动生产率增速，将会严重打击经营主体扩大投资和生产经营的积极性，导致我国原有成本优势被严重削弱，加大国内承接产业转移的难度，并造成部分地方资本外流、企业外移和产业竞争力下降（杨青龙、刘启超，2015）。刘世锦（2005）认为，低廉的要素成本和环境成本在短期可刺激投资，但在中长期和全国范围会导致资源错误配置，政府和公众承担的社会成本加大。

四、制约实体经济发展的原因

改革开放以来我国实体经济得到快速发展，取得了令世人瞩目的巨大成就。但受国际环境、生产成本过快提升、体制机制制约及“房地产病”、金融“脱实向虚”等国内外因素的叠加影响，当前我国实体经济发展面临前所未有的严峻挑战。除深挖内部原因之外，还需要从阻碍实体经济的外部因素，分析当前造成我国实体经济发展困难的主要原因。

（一）国际环境研究

当前世界经济复苏基础并不稳固，增长速度缓慢且分化严重，经济结构性问题突出，国际竞争更加激烈，贸易保护主义抬头，全球贸易陷入低迷，实体经济整体外部环境不利。国际金融危机以来，世界经济明显衰退，全球经济深度调整。发达国家纷纷提出再工业化战略和扩大外贸出口战略。国际贸易保护主义重新抬头，我国稳定出口市场和份额的难度明显加大。一些新兴国家则加紧与我国在劳动密集型产业等领域展开国际竞争，使我国实体经济面临国际市场“两头挤压”，产业竞争日益激烈（杨娟，2016）。张来明（2014）等认为，从未来发展趋势看，我国出口占全球出口比重已经很高，出口产品的国际市场提升空间日渐缩小，出口对我国实体经济的拉动作用将日趋下降。

（1）发达国家重振实体经济的影响。短期内，除分流外商直接投资等影响外，发达国家重振实体经济对中国实体经济出口影响尚不明显（徐建伟，2013）。但从长期来看，随着发达国家促进制造业发展和扶持中小企业政策的逐步完善与落实，本土产品产量增加将会减少对外需求，并对中国产品产生挤出效应，导致我国实体经济对发达国家出口难度进一步加大（胡峰、王芳，2014）。同时，发达国家制造业产品强势回归国际市场，将会更加强化其全球价值链的主导地位，不仅会减少我国实体经济的出口，更会动摇我国实体经济的国际地位（杨娟，2016）。

（2）新兴经济体实体经济快速发展的影响。近年来，新兴发展中国家凭借廉价的劳动力、原材料、土地等要素低价格和优惠政策，吸引着包括中国在内的世界各地的企业投资和制造业转移，在给我国实体经济开放发展提供机遇的同时，也带来了严峻挑战（杨娟，2016）。一方面，新兴经济体吸引发达国家制造业转移，抢占了我国实体经济承接产业转移的机遇。另一方面，新兴经济体吸引我国制造业向海外转移，在国内接续产业未能充分成长的情况下，将会加大我国实体经济“产业空心化”的风险。

（二）体制机制制约

我国实体经济患上的“虚高症”，是因为实体经济肌体运行的各要素与整个实体经济出现不协调、不匹配的问题，可以概括为“营养不良”和“功能失调”。“营养不良”主要表现在实体企业产品的技术含量低，缺乏拥有高技术、高级管理的人才。“功能失调”主要指两个方面，即内外部适应性失调和内部组织失调。内外部适应性失调主要指企业不能及时适应市场需求的千变万化，不能及时调整生产的要素投入和产出，普遍缺乏战略性眼光和预期，一味强调短期效益。内部组织失调指绝大多数企业未能建立起与现代化生产及国际化需求的现代企业制度。

（1）实体经济发展离不开优良的制度环境保障。我国社会主义市场经济体制不断完善，增强了实体经济发展的活力，但目前体制机制仍然存在诸多问题，资源合理分配的体制机制尚未建立，影响实体经济发展的各种门槛和壁垒犹存，尤其是在支持实体经济转型升级方面发展不足，缺乏有力支持（马宇，2012）。

民营经济发展环境尚需优化。除制度性交易成本过高、私人产权保护不够、法制环境欠缺、政府干预过多、个别官员不作为等老问题外，近年货币超发抬高企业成本，政策信号摇摆，市场预期不稳定，导致民间企业投资意愿不足，民间投资大幅下降，民间资本外流加快，不但抑制实体经济的发展活力，也影响实体经济投资，导致实体经济增速下滑（单东，2012）。

（2）科技创新体制改革滞后。科技创新相关制度规章不合理，鼓励实体企业创新的政策落实不到位，鼓励创新、宽容失败的社会氛围和制度环境缺乏，难以激活实体经济的创新活力（李宝善，2016）。吸引社会资本支持创新的良好机制缺乏，科研成果偏离产业化实际需求，导致实体经济科技创新能力较弱，内生发展动能不足，制约实体经济持续发展（杨朝英，2015）。

（3）市场经济体系不完善。产业退出机制不健全，导致实体经济中过剩产能不能及时退出，扰乱了实体经济市场环境。政府职能边界仍有模糊之处，政府管制依然存在较强行政干预色彩，产权制度仍不完备，资源、产品和要素在区域间合理流动机制尚未形成，导致实体经济发展的制度性交易成本依然偏高。

（三）"房地产病" 危害

房地产平稳健康发展，会对我国实体经济产生巨大的拉动作用。当前我国一线城市房价居高不下，各地"地王"争相横空出世，呈现出畸形发展态势，严重损害我国实体经济发展。张来明、李建伟（2014）认为，房地产领域的投机性炒作，在引致房地产价格泡沫化的同时，正在从多方面挤压、侵蚀我国实体经济。一是直接抬高实体经济生产成本。房价过快增长直接推动实体企业办公与用地成本上涨，推高居民生活成本，而生活成本的大幅度上涨又会间接要求企业提高职工工资，最终导致企业劳动力成本上涨，削弱实体经济企业竞争力（怀仁、李建伟，2014）。二是挤压了实体经济发展空间。资产泡沫化的过程中，实体经济收益率赶不上资产市场的收益率，实体经济领域就会形成资金倒抽效应，大规模流出实体经济领域（谢作诗，2012）。受房市火爆影响，大量资金流向房地产，对实体经济投资与信贷供应产生挤出效应，导致实体经济社会融资结构恶化，资源配置效率下降。另外，因房价持续上涨带来的高收益，不少企业家舍弃实业投身于房地产炒作，导致部分地区实体产业空心化（潘播，2016）。

（四）金融 "脱实向虚"

实体经济是金融发展的根基，金融是实体经济的血脉。只有金融与实体经济相辅相成、互促共进，国民经济才能持续健康发展。当前我国金融与实体经济出现了严重割裂，金融资源大量配置到过剩产能、房地产等领域，甚至存在资金空转现象，金融部门服务实体经济的链条越来越长，未能有效服务实体经济发展（崔惠民、马涛，2016）。

（1）金融市场体系不健全，投机资本短期炒作严重。由于金融体制改革滞后，金融体系与实体经济间的关系日益扭曲，实体经济难以获得公平融资的机会，导致金融资源服务实体经济的融资渠道不畅，大量流动性在金融系统内空转，实体经济的融资成本却居高不下，影响了我国实体经济盈利。同时，由于金融结构性问题，导致一些小微企业利润微薄，不堪贷款难、贷款贵、贷款慢的重压，背负沉重的还款压力，资金链随时可能断裂，增加了实体经济风险（辜胜阻、庄芹芹，2015）。从长期来看，金融杠杆是提升金融体系服务实体经济效率的重要工具。但从短期来看，过高的杠杆率不但容易引发金融泡沫，更容易导致金融利润率虚高，吞噬实体经济资本，严重挤压实体经济发展空间。由于金融监管不力，金融保险机构通过高杠杆，频繁进行“资本运作”，强行入股或者收购优质制造业企业，使得大量资金云集于货币市场或者通过在资本市场短期运作，谋取短期的盈利，从而弱化了长期资本的形成，也弱化了对实体经济的资金投入（曾金华等，2015）。

（2）支持实体经济发展的金融创新不够。与发达国家金融创新过度不同，我国现阶段仍然存在金融创新不足问题，还不能充分满足实体经济创新发展的需求。当前，金融机构套利业务和理财、信托等通道业务的创新，过度强调对利润的追逐，而脱离服务实体经济的根本要求，在很大程度上推高了实体企业的融资成本。另外，质押贷款推进缓慢，科技担保作用不明显，适合创新型实体企业的融资服务产品还比较单一，支持实体经济创新发展的资金链不健全（李杨，2016）。

总之，造成我国实体经济发展困难的原因复杂多变，纵横交错。为清楚地辨析实体经济发展困难的原因，必须认清三大关系。一是趋势性因素和周期性因素。要素成本上升是大势所趋，外部需求拉动作用将日趋下降，这些趋势性因素对实体经济影响将会更为长远，尽管近期可通过有效措施来化解这些因素的负面影响，但从国家的长久发展来看，更应以此为契机，倒逼我国实体经济转型升级。产能过剩是造成实体经济发展困难的周期性因素，必须依靠市场机制淘汰落后产能，以构建利于实体经济公平竞争的市场环境。二是客观因素和主观因素。发达国家实体经济回流、发展中国家实体经济加快发展，国内生产成本上升等是客观因素，短期内可以作为的空间不大；体制机制制约等主观因素改善则有较大操作空间。三是显性因素和隐性因素。融资成本过高、税费成本偏高、“房价暴涨”、“金融虚火”等显性因素固然对实体经济损害巨大，但其背后更多隐藏的是相关领域的市场门槛过高、要素流动不畅、经济地位不公平等体制机制问题。总之，体制机制因素是造成当前我国实体经济发展困难的主要原因。破解体制机制束缚、加快科技创新，应是未来振兴实体经济的政策着力点。

五、关于重振制造业的国际经验研究

2008 年金融危机爆发以来全球经济持续低迷，一方面，各国普遍认识到产业空心化的危害，寄希望于通过“重振制造业”提振经济。另一方面，新一轮制造业革命呼之欲出，制造业发展“关系到能否在其中争得一席之地，关系到国家未来的产业布局与核心竞争力”。在此背景下，发达国家在 2010 年前后相继出台了先进制造业发展相关战略。

（一）发达国家重振制造业的背景

2008 年金融危机之后，美国全面反思过度发展虚拟经济的弊端，希望从经济发展模式的变革入手彻底摆脱危机，将重振制造业上升到国家战略（袁冬梅，2012）。美国意识到发展实体经济的重要性和紧迫性，为实现制造业复苏、重塑竞争优势，巩固其全球领导者的地位，采取了一系列重振制造业的举措，将税收、经贸及投资政策向制造业倾斜，先后采取“五年出口倍增计划”、“内保就业促进倡议”等具体措施，以实现制造业的复苏（王丽娜，2016）。美国重振制造业战略的集中体现，是总统执行办公室于 2009 年 12 月公布的《重振美国制造业框架》。美国重振制造业战略的重点，从根本上说是为了加速高端制造业和新兴产业的发展，凭借自身的技术和人才优势占领新的战略制高点（张向晨，2012）。金融危机之后美国经济复苏呈现出“无就业增长”的特征。奥巴马政府希望通过重振制造业来大幅增加就业岗位，然而美国的高工资、高福利政策注定了其在通用制造业的全球竞争中不具优势，强行依靠政府补贴或贸易保护来振兴制造业，无疑是饮鸩止渴（承列，2012）。

美国积极推进制造业复兴，不仅是为了金融危机后的经济复苏，也是美国重塑制造业领导地位的战略调整。金融危机后美国对制造业的反思，表面看是源于增长、出口和就业问题，更深层面是对原有的美国主导的产业分工模式弱化的关注（李伟，2016）。也有学者认为，美国重振制造业是在面临国内外发展压力下提出的，一方面需要面对来自国际的技术和贸易竞争，另一方面也要解决国内的制造业增长乏力、创新能力受损、失业率居高不下等问题（张亚豪、李晓华，2015）。蒋钦云认为美国实施重振制造业战略的目的是为了调整拉动经济增长的“三驾马车”，将美国从过分依赖消费拉动经济增长，调整为依靠扩大出口来带动经济增长，同时，重振制造业更是美国经济去“空心化”战略，是以制造业作为创新温床、以实体经济为支撑实施的创新战略（蒋钦云，2012）。庄芮认为，近年来美国之所以屡次强调要重振制造业，主要有五方面原因：一是解决美国经济“虚拟化”问题；二是解决就业问题；三是促进出口；四是构筑“美国制造”，引领全球制造业未来；五是以制造业为契机提升美国实力，确保美国在全球的战略主导地位（庄芮，2013）。从奥巴马对制造业的态度看，奥巴马的振兴美国制造业政策并非简单地恢复传统产业，而是在既有产业基础上的“再工业化”，是以高新技术为依托推动产业升级（周武英，2016）。

欧盟提出“重振制造业”的背景，是金融危机对其经济地位造成严重冲击，而新兴经济体群体性崛起，导致欧盟社会经济模式优越感逐渐丧失。为扭转不利局面，欧盟力图通过调整政策导向找到新出路，通过重振制造业提升其经济竞争力（宾建成，2012）。2008 年国际金融危机爆发以来，为了改变过分倚重金融业的局面，英国政府多次出台制造业发展战略和倾向性政策，宣布成立战略投资基金，以实际行动扶持制造业。英国希望改变经济过分倚重金融业的状况，制造业显现出一些回流的迹象，但近期制造业的“滑坡”凸显英国重振制造业的道路并不好走（黄培昭、白阳，2014）。

（二）发达国家重振制造业的政策措施

自 2009 年底启动振兴制造业行动后，美国政府扶持制造业的措施：一是持续推动“振兴制造业”立法建设，巩固制造业战略地位；二是不断增加财税支持力度，引导先进制造业创新活动；三是多方面鼓励出口；四是不断推出贸易保护措施（李佐军、唐波，2012）。在制造业重振计划中，美国政府重视提升传统制造业，同时鼓励新兴科技领域的技术创新。王如君总结美国重振制造业的措施包括两个方面。一方面，美国政府加大了对国内先进制造业及基础设施建设的投资力度，以支持制造业的科技研发和应用。2012年，奥巴马政府提出未来10年将创建15个制造业创新研究所，2013年又增至45个。到2015年1月，美国已有5个高端制造业研究所正在筹建之中。另一方面，美国政府对公司税制进行改革，实行税收减免等一系列优惠措施，以吸引海外企业回流本土，并通过"选择美国计划"吸引其他国家企业到美国淘金（王如君，2015）。纵观美国出台的一系列政策法规，其重振制造业的主要措施有以下几个方面：一是重新认识先进制造业价值；二是向现代化、高级化和清洁化制造业发展；三是大力发展新兴产业；四是鼓励科技创新；五是扶持中小企业发展；六是对制造业采取具体支持措施（宾建成、詹花秀，2012）。

为重振制造业、促进制造业发展，欧盟提出了制造业实现转变的方向，并制定了具体措施。国内相关研究认为，欧盟制造业未来将实现六个转变：一是从基于资源的制造业向基于知识的制造业转变；二是从线性模式向复杂性系统的转变；三是从个体竞争转向系统竞争；四是从单一学科向跨学科转变；五是从宏观到微观，再到纳米层次；六是由自上而下的生产向自下而上的生产转变。欧盟重振制造业的主要措施：鼓励创新；解决制造业发展面临的资源瓶颈；加强内部统一市场建设；促进新兴产业发展；加强对企业的控制和救助；实施"竞争力集群"计划；帮助企业开拓国际市场；实施强制性原产地标识；制定战略研究日程（宾建成，2012）。

2011年，英国政府确定了重振制造业五大攻略，即占据全球产业价值链高端、加快技术创新成果转化步伐、加大对无形资产的投资、帮助企业增加对人才投资、抢占低碳经济发展先机。英国商业、企业和管理改革部明确强调，必须重新定位制造业。未来的制造业发展将坚持七项原则：一是维护宏观经济稳定，为企业制订长远发展规划创造条件；二是加大对制造业的投入，包括资本设备、技术、技能及研发的投入；三是推动科技创新，生产高附加值产品；四是加强制造业优秀经验和工艺的推广；五是加强制造业从业人员技能教育；六是提升交通、通信等现代基础设施水平；七是建设良好的市场环境［（贺石昊，2011）、（黄培昭、白阳，2014）］。

为应对目前制造业出现的问题，日本政府推出的"重振制造业"措施包括：一是大量培养制造业所需人才；二是在企业向海外转移生产的同时，确保“母体机能”留存在日本国内；三是追赶国际信息技术向制造业渗透的潮流，使日本制造业的信息化程度从目前的30%提高到50%以上，加快制造业升级换代；四是推动制造业中不同行业的融合，比如汽车与电子、建筑与机器人、能源与信息等（闫海防，2015）。

（三）发达国家重振制造业的影响与启示

发达国家重振制造业所采取的一系列措施对我国重振实体经济也能提供很多可供借鉴的经验和启示。李佐军（2012）认为，我国应采取的措施为完善制造业长期发展顶层设计，促进高端制造业与中低端制造业协调发展，优化企业规模结构与产品出口结构，积极反击贸易保护主义等。王丽娜（2016）认为，我国应采取的对策是：鼓励企业自主研发与科技创新；加强知识产权保护和政策扶持；大力支持制造业企业跨国发展；培育制造业发展新模式，促进制造业绿色发展。张强（2014）认为，我国应在借鉴主要发达国家重振制造业经验的基础上，结合本国的实际情况从制造业规划制定、转变经济发展方式、人才培育、税收和融资、竞争方向、国际规则利用等方面采取措施积极应对。朱颖（2013）认为，中国壮大制造业的具体举措：一是开放创新和自主创新相结合，稳步向全球价值链中高端迈进；二是努力为企业减负，维持中国制造的综合成本优势；三是完善外资政策，为促进转型升级创造条件；四是在竞争中发掘与发达国家合作的机遇。宾建成（2012）认为，应对欧盟重振制造业的启示为：加大对制造业研发投入；增强企业自主创新能力，进一步提升国内制造业；尽快实现制造业从资源密集型向知识密集型转变；积极推进节能减排；促进中小企业尤其是知识密集型中小企业发展；壮大制造业人才队伍；加快推进东部沿海地区产业向中西部地区梯度转移。

六、壮大我国制造业的政策措施观点综述

当前，我国制造业正面临转型升级的关键时刻，围绕从制造大国向制造强国转型，许多学者从不同的视角提出了政策措施。

（一）创新驱动研究

我国制造业要转型升级，根本出路在于创新，使创新成为驱动发展的主要动力，实现从要素驱动、投资驱动转向创新驱动的根本转变（张菀航，2017）。吕薇（2017）认为中国正处于转型发展的关键时期，支撑发展的国内外环境发生较大变化，制造业面临前有堵截后有追兵的竞争局面。实施制造强国战略，必须把握全球制造业变化趋势，以科技创新和体制机制创新应对各种挑战，化解深层次矛盾和问题，加快推进制造强国建设。张义忠（2016）认为建设制造强国急需加强知识产权运用的战略统筹与协同推进，强化关键核心技术知识产权积累与战略储备，有的放矢地开展国际知识产权布局，切实增强重点领域和关键环节知识产权协同运用能力，突破低端锁定，抢占竞争制高点。徐匡迪表示，中国制造业要由大变强，关键是通过创新驱动，而创新驱动不是靠政府，要靠市场、风险投资支持。中国制造业正面临转型升级的关键时刻，必须依靠创新驱动，大力推进数字化、网络化、智能化制造；提高创新设计能力，完善企业创新体系；大幅度提高产品质量；推行绿色制造，发展现代制造服务业；形成有国际竞争力和知名品牌的企业群体。

（二）文化建设研究

我国加快从制造大国转向制造强国，必须借助于工业文化所提供的强大思想动力和精神力量才能得以实现（刘光明等，2016），建设制造强国需要工业文化作支撑。李金华（2016）认为，与世界制造强国相比，中国制造业结构不合理、缺少核心关键技术、质量低信誉差，其根源在于人，在于中国的制造业文化，要成为制造强国，中国必须构建以人为中心的先进制造业文化，即必须以人为中心构造中国特有的先进制造文化体系，需要以行业、企业、企业家、员工为“经”搭建制造业文化体系框架；以物质、精神、组织、行为、环境为“纬”构筑制造文化实体。周民良（2017）认为制造企业坚持弘扬工匠精神、不断打造制造精品，将会更大程度地提升我国制造业国际竞争力，进而持续推动制造强国的建设进程。培育工匠精神是建设制造强国的重要一环。没有工匠精神的充分弘扬，建设制造强国就会缺乏基础支撑。王新哲等（2016）认为中国要实现从制造大国迈入制造强国的宏伟目标，除了科技上要追赶，文化同样要跟上。建设制造强国，需要在工业文化上“补短板”。在制造强国战略全面启动、深入推进的进程中，不仅要提高产业规模、技术水平等“硬实力”指标，更要传承和弘扬优秀中国工业文化，吸收借鉴国际先进经验，加快实现“培育有中国特色的制造文化”战略目标，提升我国工业“软实力”。

（三）信息技术运用

用云计算、大数据、物联网、人工智能等技术引领工业生产方式的变革，拉动工业经济的创新发展，正在成为不可逆转的潮流趋势（冯国华，2015）。罗文（2015）认为互联网在制造业领域应用日益广泛深入，需要推动生产制造向着数字化、网络化、智能化方向发展。“互联网＋”推动生产制造模式变革，智能制造成为新型生产方式。实施“互联网＋”行动计划，推进互联网和制造业深度融合发展，是建设制造强国的关键之举。另外，大数据成为国家竞争力的战略制高点，为制造业转型升级开辟了新途径。我国一方面具备发展制造业大数据的比较优势；另一方面需要认真面对大数据与制造业融合发展面临的各种挑战。于慧（2016）认为，大数据作为新一代信息技术和产业发展的重要方向，对制造业研发设计、生产制造、经营管理、销售服务等全产业链将产生重要影响，为我国传统制造业转型升级提供了千载难逢的机遇。左娅（2017）认为大数据成为制造业创新动力，我国54%的制造企业正应用数字化工具推动转型升级。在设计研发环节，大数据已成为企业创新的新动力。在生产环节，一些企业开始探索通过大数据优化资源配置。在营销环节，大数据用的最多，解决方案也最丰富。大数据还可以帮助企业发展制造服务业，延伸产业链。

（四）综合施策研究

中国实施制造强国战略迫切需要调整当前产业政策模式，转为制定和实施更为科学、合理、有效的产业政策体系。制造强国政策体系的关键领域包括：深化健全市场环境的体制改革、强化制造业技术创新体系、完善推动制造业发展的金融体系、优化支持制造业转型发展的财税政策、进一步营造中小企业发展环境、推进制造业新一轮全方位高层次对外开放、着力培养多层次现代制造业人才、创新战略制定与实施的体制机制（江飞涛，2015）。李伟（2015）认为要实现从制造大国向制造强国转型，必须进行重大战略和政策安排：一是做强传统优势产业，提升核心竞争力；二是形成一批具有国际影响力的制造企业和一大批具有国际竞争优势的“专、精、特、新”专业化生产企业；三是为制造业发展与转型创造法治、诚信、公平的竞争环境。罗仲伟（2015）认为，推动我国制造业由大到强转变，一方面必须创造良好的发展环境，另一方面必须高度重视企业在市场经济中的主体作用，培育一大批自觉开展技术积累、开拓新市场的领先企业，并形成企业梯队。黄群慧等（2015）认为，未来中国制造业发展所面临的深层次困难和挑战，不仅要求中国政府和企业充分吸收和学习发达国家工业化过程中的普遍制度、政策安排和共性创新实践，更要求中国从自身独特的产业基础、人力资源、市场需求和文化特征出发，构建并不断提升其独特的制造业核心能力。朱帅（2017）认为从四个方面提高我国制造业水平，包括以创新作为发展驱动力，提升制造业质量，营造制造业监管生态圈，打造中国制造世界品牌。李书福（2016）认为要把实施制造强国战略真正落到实处，一是科技创新要强发力；二是降低成本要动真格；三是品牌建设要下功夫。李金华（2016）提出中国建设制造强国的六大行动路径：一是扩张制造业占比，优化制造业结构，提高制造业效率；二是自主创新，实现前沿技术、复杂产品系统中关键技术的重大突破；三是质量顶级，精专制造，打造系列著名国际品牌；四是推行精准主义和标准主义，构建具有国际前沿水平的中国制造标准体系；五是学校企业双轨教育和培养，建成高素质制造业职工队伍和先进制造业文化；六是进行生产模式的革命性变革，建设新兴先进制造产业集聚区。

（执笔人：李淑华　杨威）

参考文献

[1]周莹莹,刘传哲．虚拟经济与实体经济协调发展研究[M]．北京:经济管理出版社,2013.

[2]金碚．牢牢把握发展实体经济这一坚实基础[J]．求是,2012(7).

[3]赵振华．关于发展实体经济若干重大问题的思考[J]．领导之友,2012(4).

[4]叶朝晖,叶菲．关于虚拟经济与实体经济关系问题的思考[J]．云南社会科学,2003(3).

[5]梅子慧．虚拟经济与市场经济[J]．中南财经政法大学学报,2002(2).

[6]张航燕．实体经济“降成本”的问题与对策研究[J]．价格管理与实践,2016(9).

[7]康文峰,刘楚楚．略论实体经济“五化”问题的破解路径[J]．经济问题,2014(8).

[8]郭代谟．发展实体经济的理论思考[J]．中国财政,2012(8).

[9]唐斯斯．增强实体经济活力,遏制产业空心化[J]．宏观经济管理,2012(9).

[10]杨娟．经济转型期实体经济创新发展的路径[N]．光明日报,2016-02-14(006).

[11]吕燕．以创新驱动建设制造强国[R]．国务院发展研究中心,2017-03-30.

[12]张来明,李建伟．企业家投资实体经济意愿下降原因分析及政策建议[J]．发展研究,2014.

[13]徐建伟．对美国制造业回归影响的研判及应对策略[J]．中国经贸导刊,2013(1).

[14]胡峰,王芳．美国制造业回流的原因、影响及对策[J]．科技进步与对策,2014(9).

[15]赵海娟．产能过剩和成本上升重压我国实体经济[N]．中国经济

时报,2016 - 11 - 16.

[16]高伟．产能过剩的测量、成因及其对经济增长的影响[J]．经济研究参考,2014(3).

[17]陈彬．新常态下中国经济风险正在由隐性转向显性[R]．国家信息中心,2016 - 04 - 08.

[18]杨青龙,刘启超．综合成本上涨对产业升级的影响文献综述[J]．江淮论坛,2015(5).

[19]刘世锦．我国经济“低成本竞争”模式形成的背景和特征[J]．经济社会体制比较,2005(6).

[20]怀仁,李建伟．我国实体经济发展的困境摆脱及其对策[J]．改革,2014(2).

[21]国家发改委产业所课题组．降低制造业成本关键点和难点研究[R]. 2015.

[22]辜胜阻．缓解实体经济与小微企业融资成本高的对策思考[J]．江西财经大学学报,2015(5).

[23]马宇．实体经济的体制困境[J]．中国党政干部论坛,2012(11).

[24]单东．破解民间资金进入实体经济的制度性障碍[J]．特区经济,2012(3).

[25]李宝善．科技体制问题、挑战及创新[J]．人民论坛,2016,06(中).

[26]杨朝英．科技创新落地 实体经济腾飞[N]．人民政协报,2015 - 12 - 25(005).

[27]人民论坛理论研究中心．我国的产能过剩问题及其破解之道[J]．前沿理论,2016(35).

[28]潘播．楼市“虹吸”加剧实体经济资金短缺[N]．经济日报,2016 - 06 - 30(009).

[29]崔惠民,马涛．把握好金融与实体经济的关系[N]．人民日报,2016 - 11 - 04(007).

[30]李扬．提升金融服务实体经济的质量[J]．财经界,2015(9).

[31]曾金华,杨再平,康义．金融支持实体经济难在哪[N]．经济日报,2015 - 12 - 17(009).

[32]李扬．金融改革应以服务实体经济为方向[N]．经济参考报,2016－03－14(001).

[33]王丽娜．美国制造业重振对我国制造业的影响及应对措施[J]．辽宁师范大学学报,2016,39(1).

[34]袁冬梅．美国制造业重振面临的人才储备挑战[J]．国际贸易问题,2012(4).

[35]张向晨．关注美国重振制造业战略[J]．中国经贸,2012(9).

[36]承列．重振美国制造业:梦想遥远[J]．理论视野,2012(6).

[37]李伟．美国制造业是在衰退还是复兴[N]．北京日报,2016－04－25.

[38]张亚豪,李晓华．美国重振制造业的动因与效果研究[J]．当代经济管理,2015,37(6).

[39]蒋钦云．我国战略性新兴产业规划与美国重振制造业框架比较研究[J]．国际经济合作,2012(1).

[40]庄芮．美国重振制造业:动因、成效及其影响[J]．现代国际关系,2013(8).

[41]周武英．美国“重振制造业”会打什么牌[N]．经济参考报,2016－12－02(001).

[42]宾建成．欧盟重振制造业及启示[J]．国际贸易,2012(11).

[43]黄培昭,白阳．英国重振制造业之路不好走[N]．人民日报,2014－04－09(022).

[44]李佐军,唐波．美国重振制造业缘由探究与中国的选择[J]．改革,2012(11).

[45]王如君．美国重振制造业须解三道题[N]．人民日报,2015－06－05(022).

[46]宾建成,詹花秀．美国重振制造业对我国的影响与对策[J]．探索,2012(6).

[47]贺石昊．英国重振制造业五大攻略[N]．中国电子报,2011－09－02(003).

[48]闫海防．日本提出重振制造业目标[N]．经济日报,2015－06－18(004).

[49]张强．美国制造业重振与中国的应对策略[J]．湖北经济学院学

报,2014,12(2).

[50]朱颖,罗英. 美国重振制造业的举措及对我国的影响[J]. 经济纵横,2013(4).

[51]张菀航. 创新进阶:中国制造业的路径选择[J]. 中国发展观察,2017(07).

[52]吕薇. 以创新驱动建设制造强国[J]. 中国经济报告,2017(3).

[53]张义忠. 强化知识产权运用是制造强国建设的"标配"[J]. 中国工业评论,2016 (5).

[54]周子勋. 中国制造业由大变强关键在于创新驱动[N]. 中国经济时报,2014 - 03 - 23.

[55]刘光明,李庆良,金奉强. 建设制造强国需要工业文化作支撑[J]. 企业文明,2016(3).

[56]李金华. 中国制造业与世界制造强国的比较及启示[J]. 东南学术,2016(2).

[57]周民良. 建设制造强国应重视弘扬工匠精神[J]. 经济纵横,2017(1).

[58]王新哲等. 培育工匠精神建设制造强国[J]. 西北工业大学学报(社会科学版),2016,36(3).

[59]冯国华. 打造大数据驱动的智能制造业[J]. 中国工业评论,2015(4).

[60]罗文."互联网 +":制造强国的新引擎[J]. 政策瞭望,2015(5).

[61]罗文. 大数据:制造强国建设的新动力[J]. 中国工业评论,2015(12).

[62]于慧. 大数据为制造业开辟转型新途径[N]. 中国工业报,2016 - 05 - 17(A02).

[63]左娅. 制造业"淘金"大数据[N]. 人民日报,2015 - 09 - 28(017).

[64]江飞涛. 实施中国制造强国战略的政策体系研究[J]. 中国工程科学,2015,17(7).

[65]李伟. 从制造大国向制造强国转型[J]. 新经济导刊,2015(12).

[66]罗仲伟. 中国制造业如何实现由大到强?[J]. 社会观察,2015(5).

[67]黄群慧,贺俊. 中国制造业的核心能力、功能定位与发展战略:兼评《中国制造2025》[J]. 中国工业经济,2015(6).

[68]朱帅. 从美国制造业真相看我国应对之策[N]. 中国工业报,2017-01-16(002).

[69]左世全. 美国"先进制造业国家战略计划"对我国的启示[J]. 经济,2012(6).

[70]李书福. 提升中国制造业竞争力迫在眉睫[J]. 中国经贸导刊,2016(3).

[71]李金华. 德国"工业4.0"背景下中国制造强国的六大行动路径[J]. 南京社会科学,2016(1).

[72]谢作诗. 我国实体经济困难的原因[J]. 经济与管理,2012(7).

[73]王晓萍,胡峰. 中国代工制造业向东南亚转移的驱动机制研究[J]. 对外经贸,2014(4).

[74]黄汉权,郭春丽,等. 降低实体经济企业成本的综合性意见[R]. 国家发展改革委宏观经济研究,2015.

第三章　振兴实体经济必须妥善处理“虚”与“实”的关系

内容提要　本章探讨实体经济和虚拟经济的内涵，并对长期以来两者关系存在的争议进行了辨析，提出要正确处理实体经济和虚拟经济的关系，高度重视实体经济和虚拟经济之间的协调运转，着力构建“虚”、“实”良性互动发展的国民经济运行机制，防止“虚热实伤”，更不能“助虚劲而招实祸”。具体而言，一是要大力振兴实体经济，为虚拟经济发展奠定坚实的基础；二是要强化制度约束与规范，坚决防止虚拟领域过度投机造成对实体经济的挤压；三是要创新和改进金融服务，真正发挥对实体经济的促进作用；四是要加快金融体系改革，加大市场配置资金的作用；五是要健全金融宏观管理制度，促进金融业健康发展。

当今世界正在经历百年未有之大变局。无论是欧美发达国家“再工业化”战略的实施，还是新兴经济体工业化进程的加快，实质上都是在推动本国的“制造业回流”或“回归实体”，都是在对虚拟领域脱离实体经济而过度膨胀进行深刻反思后作出的理性选择。

近年来，受内外多重因素的共同影响，我国实体经济发展比较困难，存在着“弱化、空洞化、边缘化、虚化”的趋势，特别是“脱实向虚”问题十分突出，一场关于“虚”与“实”的大讨论成为当今企业界最热门话题，并引发了全社会广泛关注。经验表明，实体经济是虚拟经济发展的根基，虚拟经济是实体经济的“助推器”。只有虚拟经济与实体经济相辅相成、互促共进，国民经济才能持续健康发展。因此，振兴实体经济必须正确处理“虚”与“实”的关系。

一、准确把握“实”、“虚”的内涵

李星和范祚军（2005）认为，实体经济是指用于描述物质资料生产、销售以及直接为此提供劳务所形成的经济活动。实体经济的特征跟社会生产再生产、资金循环与周转的经济现象密切相关，主要存在于农业、工业、交通运输业、商业、建筑业等产业部门，它是一个社会发展进步所依赖的坚实经济基础。黄荣英（2004）认为，实体经济是指物质、精神产品的生产、销售及提供相关服务的经济活动。它不仅包括农业、工业的物质生产活动，也包括商业、教育、文化、艺术、体育等精神产品的生产和服务，还包括电子商务、网络经济和现代传媒。高国梁（2011）对实体经济的认识更为宽泛，认为实体经济是以商品或服务的创造为基础，以满足社会物质文化需要来实现其价值，以商品或服务为买卖标的，以获得商品或服务的所有权和使用价值为目的，通过劳动实现其价值物化为商品价值，以商品供求规律为依据。以上观点将提供服务的行业包括在实体经济的范围之内，另一种观点则是未将提供服务的行业包括在实体经济的范围之内，仅以实物形态来划分。如郑文博（2004）指出，在经济运行中，“实体经济”是用于描述物质资料生产、销售以及直接为此提供劳务所形成的经济活动的概念，它主要包括实物生产的产业部门。成思危则认为，实体经济通常意义上是指围绕居民消费的生产与流通的经济活动。而与之相对应的虚拟经济是经济虚拟化（西方称之为“金融深化”）的必然产物，是指与虚拟资本以金融系统为主要依托的循环运动有关的经济活动，是基于资产价格上涨来获利的经济投资行为，简单地说就是直接以钱生钱的经济活动。

国外对实体经济的定义也有差别。金融时报辞典（Financial Times Lexicon）将实体经济定义为：实际生产商品和服务的经济活动，是和另一部分只在金融市场上进行买卖行为的经济活动相对应的。经济术语（Economic Glossary）认为实体经济是指与商品、服务和资源相关的经济活动，这部分经济活动是通过使用各种资源来生产商品和服务以满足人们的生活需求。美联储关于实体经济的定义略有不同，即除去房地产市场和金融市场之外的部分，就美国经济数据的构成来看，其中包括制造业、进出口、经常账户和零售业等。

我们认为，从学理上讲，实体经济是与价值实体的生产、流通、交换、分配、消费相关的经济活动，即为经济社会发展和民生改善提供物质产品和服务的经济活动，包括农业、工业和大部分服务业。虚拟经济则是与价值符号的生产、流通、分配、交换相关的经济活动。实体经济再生产过程的终点和新起点是实实在在的消费，包括生产性消费和生活性消费；虚拟经济再生产过程的终点和新起点则止于交换，即是说虚拟经济产品的消费就是用于交换，其使用价值就是交换价值。正因为如此，虚拟经济必须与实体经济紧密结合并服务于实体经济的再生产过程，才能有助于更多更好地创造实实在在的社会财富，反之则只能创造一大堆不能用于实际消费、只能催生资产泡沫的价值符号。

对于“实”、“虚”的内涵一直存在很大争议，这里有五点值得说明：一是虚拟经济本身并非全都是不合理的。比如，居民利用余钱做点投资，比如房产、黄金等，用以保值增值，合情合理。而且二级市场本身有其功能，比如价格发现、提供流动性等，根本上是为资源配置服务的。但如何界定过度投机也是一大难题，过度与不过度之间并无明确界限。二是“实”和“虚”之间的划分并不是简单的行业划分，同一行业里有“实”有“虚”。银行、保险、信托、房地产以及货币市场也不宜笼统称为虚拟经济，比如房地产业，开发商建房子的过程就是“实”，如果购房是为满足居住需求和工商业生产经营活动需要，那就是“实”；如果为投机获利去炒土地和楼市，那就是“虚”（有时两者兼有）。再比如金融业，银行为居民提供汇款服务，为企业生产提供贷款，券商为民众理性投资提供经纪服务，这些都是具体的服务，满足其实际需求，都应属于“实”。但如果金融市场出现过度投机，或者企业拿贷款资金去炒房炒股，那就不属于“实”。因此，我们不能简单地把金融业、房地产业全部划入虚拟领域。三是同一项业务，“实”与“虚”的划分也很模糊。商品本身有时兼具使用价值、收藏价值和投资价值，比如在流通环节，正常的批发业务是“实”，但故意囤积抬价属于“虚”，近几年出现的“蒜你狠”、“豆你玩”、“姜你军”等现象就属于“虚”。但虚实两者之间并没有清晰边界，包括银行自身也不能精确统计放出去的贷款中，有多少是用于自住购房，有多少是去炒房。四是实体经济与虚拟经济都是整体经济系统的组成部分，如果把实体经济看成是经济中的“硬件”，那么虚拟经济就是经济中的“软件”。

目前我们谴责的“脱实向虚”里的“虚”，也不是指所有虚拟经济，而仅指过度投机或者有泡沫的部分。五是新实体经济时代，并非看得见摸得着的才叫实体经济。不能局限于生产和制造才是实体经济的看法，服务和流通也是实体经济的重要部分。制造业并非都“实”，金融、房地产业并非都“虚”。如果重视制造业，轻视服务业，把制造业等同于实体经济的话，就遇到了矛盾。真正划分虚实的标准，不是看是否生产有形的产品，而是看是否满足居民最终的消费需要。服务业也有满足最终消费的，比如医疗服务和金融服务。“实体经济”是一个相对于“虚拟经济”的概念，不仅仅包含制造业，而是涵盖着一二三产业。比如，网店是新经济，但直接带动了实体工厂的销售；快递业作为新经济的代表，同样既拉动了消费也促进了生产。这些典型的新经济，实际上都是“生产性服务业”，都是在为实体经济服务，也是实体经济的一部分。我们培育壮大新经济、发展新动能，不仅是打造经济发展的“新引擎”，也是在改造提升传统动能，促进实体经济蓬勃发展。

二、深刻认识“脱实向虚”问题

当前我国经济“脱实向虚”问题主要表现为：一是我国货币供应量增长较快，流动性是不成问题的，但实体经济仍存在资金短缺现象。二是金融资产增长很快，而实体经济增长慢，投资效率和劳动生产率大幅下降，回报率有限。三是资金在金融体系里空转。当资金从银行到信托和其他金融机构，再到实体经济，就推高了资金成本，加剧了实体经济成本上升。

近年来，我国社会资本“脱实向虚”和企业“弃实投虚”有所加重，大量资金涌向金融属性较强的行业，加之资金在金融领域空转增加，导致虚拟经济与实体经济的脱节，加剧了资产泡沫，累积了系统性风险，这既不利于实体经济也不利于虚拟经济健康发展。这主要根源于实体经济与虚拟经济之间的互动机制不健全，传导路径不畅通，大量流动性在金融系统内空转，特别是金融、房地产及其他虚拟领域的快速膨胀和过度的投机行为，侵蚀了实体经济的发展，进一步加剧了实体经济的困难。

在虚拟经济投资时限短、高回报率的特征诱导下，吸引大量资本流入虚拟领域，造成实体经济资金严重不足，实体经济“失血”、“ 抽血”现象十分突出。据测算，我国工业平均利润率仅在6%左右，而证券行业、银行业平均利润率则都在30%左右。与此同时，非金融部门杠杆率也在快速上升。据测算，2012年我国非金融类企业部门的杠杆率为106%，2016年已超过160%。过高的杠杆率不仅容易引发金融泡沫，导致金融利润率虚高，而且吞噬了实体经济资本。

除金融领域外，我国房地产业的无序发展，也严重损害了实体经济的发展。由于地方政府长期过度看重房地产对GDP、财政收入的贡献，甚至曾一度作为支柱产业加以支持，在宽松的融资手段支持下，不仅使房价严重脱离国情、超出居民购买能力，而且导致房地产市场的投机与泡沫对实体经济产生“虹吸效应”，诱导实体资本大量涌向房地产，直接抬高了实体生产成本，挤压了实体发展空间，导致实体产业“空心化”。2016年上半年新增人民币贷款7.5万亿元，其中2.3万亿元投向了购房贷款，占新增人民币贷款的31%，加上1.1万亿元投向房地产开发企业的贷款，约占新增贷款的15%，上半年的新增贷款约有46%是投向了房地产市场。2016年7月新增人民币贷款4636亿元，其中住户部门新增贷款达4575亿元，房贷居然覆盖了几乎全部新增贷款。无论是投资增速，还是新增贷款或贷款余额增速，房地产均高于实体经济部门。

目前尽管国家在政策引导、制度设计、规划制定等方面，都在积极引导资金向实体经济转移、向实体经济倾斜，但虚拟经济的挤出效应和泡沫效应仍较明显，社会资本“脱实向虚”和企业“弃实投虚”的现象十分突出，出现了“一流企业做金融，二流企业做房产，三流企业做市场，四流企业做实业”的局面。这表面上是虚拟经济发展加快的结果，实质上是实体经济困难加剧的结果，也是资金“脱实向虚”问题没有解决好的表现，对此需要引起高度重视。

三、正确处理“虚”与“实”的关系

目前，一场关于“虚”与“实”的大讨论已成为企业界最热门话题。一些制造业大佬纷纷抱怨虚拟经济。曹德旺在《环球时报》上发表文章《我认为中国“虚拟经济”过火了》，李东生、宗庆后和董明珠在央视《对话》节目中，也对虚拟经济的作用提出了质疑。尔后，马云、宗庆后再卷入实体虚拟经济的大争论。

“虚”与“实”的关系一直是颇受争议的问题，目前大致有三种不同的看法。一种观点认为，实体经济困难是虚拟领域过度膨胀挤压导致的，虚拟经济是造成实体经济困难的“首恶”，金融、房地产及其他虚拟领域的快速膨胀和过度投机行为，侵蚀了实体经济的发展。持这种观点的人把虚拟经济等同于投机、等同于“泡沫”，因而对发展虚拟经济持怀疑、否定甚至反对的态度。因此，主张要弱化虚拟资本以金融平台为依托所进行的各种经济活动，适度限制虚拟经济发展或者去“虚拟经济化”。另一种观点则认为，实体经济和虚拟经济并不是对立的关系，也不是互相排斥的，而是相辅相成的，健康的虚拟经济有利于促进实体经济的发展。目前社会资本“脱实向虚”，根源于实体经济与虚拟经济之间的互动机制不健全，传导路径不畅通，两者未形成良性互动发展。还有一种观点认为，目前资产价格增速高于实体利润，吸引逐利的资本，导致经济“脱实向虚”倾向。究其原因可能是通货膨胀预期导致资产价格过高，或者是经济疲软导致实体利润过低，也可能是其他更复杂的原因（比如体制制约）。因此，与其指责实体企业不务正业，指责金融业助纣为虐，还不如反思：为何资产价格增速高过实业利润，是因为通货膨胀预期过高，还是因为经济疲软？

我们认为，造成实体经济困难的原因是多方面的，既有长期因素，也有短期因素；既有周期性因素，也有阶段性因素；既有外部原因，也有内功不足的原因，不能完全归罪于虚拟经济。虚拟领域危机频出，并不是虚拟经济本身的罪过。发展实体经济决不能排斥虚拟经济，而是要妥善处理好两者之间的关系。实体经济借助于虚拟经济，虚拟经济依赖于实体经济，两者存在着极其密切的相互依存、相互促进、共生共荣的关系。一方面，没有虚拟经济，实体经济发展会受到很大影响。虚拟经济是历史发展的必然趋势，是市场经济发展的产物，它的有序、合理发展对实体经济具有一定的促进作用，有助于优化资源配置、提高整个实体经济运行效率。另一方面，没有实体经济，虚拟经济便是“空中楼阁”，虚拟经济不能脱离实体经济而独立存在。如果没有实体经济的充分发展，虚拟经济也将难以健康发展，甚至会出现经济“虚火”过旺而危害整个发展的情形。对此，我们必须深刻把握和处理好“虚”与“实”的辩证关系。

要高度重视实体经济和虚拟经济之间的协调运转，着力构建“虚”、“实”良性互动发展的国民经济运行机制，防止“虚热实伤”，更不能“助虚劲而招实祸”。要坚持“以实为本、虚实并举”，坚持对“虚”、“实”一视同仁，而不能对任何一方采取歧视态度，以免顾此失彼；在战略部署和措施运用上要统筹规划；在发展速度、规模和比例确定上要相互兼顾，协调一致。既要大力振兴实体经济，坚持以提高质量和核心竞争力为中心，推动创新驱动发展，着力优化实体经济存量，做大实体经济增量，提升实体经济质量，加快实现实体经济转型升级，为虚拟经济发展提供充分的保证；同时也要正确看待虚拟经济的作用，一方面，从我国实体经济的具体情况出发，按照实体经济的要求和条件，稳步推进虚拟经济的有序发展，充分发挥虚拟经济对实体经济的提升作用；另一方面，要加快完善虚拟领域市场监管体系和制度建设，坚决抑制虚拟经济盲目发展，切实防止虚拟领域脱离实体经济过度膨胀，尤其要防止资本过度流向虚拟领域而造成实体经济空心化。

四、多措并举促进“虚”与“实”的协调发展

在全球经济深刻调整、我国实体经济面临诸多困难的情况下，我们必须切实采取有效措施，妥善处理好“虚”与“实”之间的关系，积极营造健康的市场环境，促进实体经济与虚拟经济协调发展。

（一）大力振兴实体经济，为虚拟经济发展奠定坚实的基础

与虚拟经济相比，实体经济往往投入成本高、产出周期长、回报率低，更需要得到重视和支持。我们必须牢牢把握发展实体经济这一坚实基础，切实把振兴实体经济放在应有的重要位置，重塑实体经济竞争新优势。加强战略谋划和顶层设计，成立由有关国家部委牵头的实体经济发展部际协调机制，加强政策的协调性，优化配置政策资源。科学制订振兴实体经济战略规划。加强政策法规体系建设，构建发展实体经济的长效机制。不断改善政府服务，加快放开市场准入、拓宽投资空间、减轻实体经济负担，加大对实体经济的财政和金融支持力度，积极促进人才、资金、技术等各类生产要素更多地向实体经济聚集，大力完善市场管理体系，加

快营造商业氛围、健全信用体系、优化政务环境、完善法制环境，形成规范有序、竞争公平的市场环境，推动实体经济健康发展，为虚拟经济有序发展奠定坚实的基础。

（二）强化制度约束与规范，坚决防止虚拟领域过度投机对实体经济的挤压

加强金融监管，制定和完善相关法律法规，完善信息披露制度，提高金融交易的透明度，严格规范市场行为。一是要加强股市监管，严厉打击黑幕、投机行为，抓紧完善上市公司分红制度、信息披露制度、新股发行和退市制度。二是要规范金融市场行为，加强法规与监管体系建设，对金融衍生品实行集中监管，严格市场准入制度，完善市场交易和清算制度，增强金融衍生品交易的透明度。彻底整顿理财产品市场，打击各种非法金融活动，对投机性行业的过高回报采取征收高税收等手段加以调节，加强对投资品市场交易的监测和监管，坚决打击过度炒作行为。三是要建立符合国情、适应市场规律的房地产平稳健康发展长效机制，大力推进住房制度和土地制度改革，加快从以行政性调控为主转变为以经济杠杆调控为主。要准确把握住房的居住属性，减少金融属性，更不能把房地产作为稳增长的手段，要在宏观上管住货币，微观信贷政策要支持合理自住购房，严格限制信贷流向投资投机性购房，遏制投资投机性购房需求，减少房地产无序发展对实体经济的挤压。

（三）创新和改进金融服务，真正发挥其对实体经济的促进作用

加快金融改革、创新金融服务，积极探索金融发展新模式，改变实体经济融资困难的状况。一是要加快构建多层次、多样化、服务能力更强、适用对象更广的多元化金融服务体系。积极推动金融业改革创新，全面清理金融自我服务业务，限制金融机构自营交易特别是衍生品交易，实现金融行业从自我循环向服务实体经济的转变。二是鼓励金融机构加大对中小企业的信贷支持，构建面向中小企业的融资租赁机构和综合服务中心。加强社会信用环境和征信体系建设，建立中小企业贷款风险补偿机制和中小企业信用担保风险补偿机制。三是大力发展债券市场、股票市场、商业票

据市场和金融租赁市场，充分发挥资本市场服务实体经济的功能，引导资本流向那些发展前景较好的优质企业。

（四）加快金融体系改革，加大市场配置资金的作用

重点推进利率、汇率市场化改革，让利率更准确地反映投资替代消费的机会，让汇率的变动更多地反映市场意愿，提高资本自由流动的程度。积极运用差别存款准备金率、再贷款、再贴现等货币政策工具，引导金融机构加大对实体经济的支持力度。完善配套政策和创新体制机制，调动商业银行增加信贷投放的积极性，形成银行、证券、保险等多方面扩大融资的合力，更好地发挥金融支持实体经济的作用。要尽快取消“信贷规模管理”，赋予商业银行在合规框架下的市场化自主决策权，进一步增强信贷供给能力，优化信贷投向结构，更好地满足实体经济发展需要。要加快建立金融体系促实体经济的考核评价机制，完善金融支持实体经济的资金保障制度。改革央行对各大商业银行的考核机制，改变以前用城乡居民储蓄存款额、贷款余额等纯经济指标来考察银行效益的机制，加快建立促实体经济发展成效、银行资金投向、实体经济效益与银行利润双增长的多指标考核机制。

（五）健全金融宏观管理制度，促进金融业健康发展

在微观审慎管理的基础上，要加快构建金融宏观管理制度框架，不断增强对系统性金融风险的防范能力。加强对银行资本充足率、资产流动性和风险管理的监督，建立公众监督、舆论监督机制。重点关注系统重要性金融机构的经营管理情况和风险状况，督促其进一步完善公司治理、规范资金运用、加强信息披露，并通过附加资本要求、附加流动性要求等措施，强化对系统重要性金融机构的流动性和杠杆率管理，加强风险防范。合理划分中央与地方监管事权和风险处置责任，建立新型金融监管体制，及时处置辖区金融业突发事件，有效改善当地金融生态。要高度重视对国际资本流动的及时监控，密切注视国际投机机构的动向，大力提高对国际游资的监控能力以及对国内金融市场的监管能力，以防止国际投机资本的冲击和炒作。要完善问题机构的风险处置安排，包括事前应对机制、应急计划等。在有效控制风险的基础上，建立更加透明的宏观审慎评估体系，

加强货币政策、信贷政策和产业政策的协调配合，科学评估金融机构服务实体经济的实际效果。

（**执笔人：**费洪平）

第四章　我国制造业典型行业转型升级经验分析

——基于部分代表性企业的案例研究

内容提要　制造业转型升级是一个综合性命题，在不同行业领域有着不同的表现形式。本章从产业结构的层次性和产业发展的周期性出发，对纺织服装、家电制造、工业机器人、新能源汽车四个典型行业的发展现状进行深入分析，并结合代表性企业转型升级的探索实践，归纳出传统优势部门、产业追赶部门和新兴发展部门转型升级的任务和路径差异。

制造业转型升级因行业而异，不能笼统而言。由于不同行业的发展现状及面临的问题各不相同，其转型升级的路径也存在明显差异。本研究选取纺织服装行业、家电制造业、工业机器人、新能源汽车四个典型行业进行分析，其中，纺织服装行业和家电制造业是我国的传统优势产业，处在发展成熟阶段、产业规模大、国际竞争力强；工业机器人是我国快速发展的产业追赶部门，跨国企业早有布局且具有较强竞争力，国内企业技术进步较快但仍有差距，市场快速增长但以中低端为主；新能源汽车是创新驱动型产业，国内外技术差距不大、市场尚在培育形成之中，我国企业具有抓住技术突破窗口谋求领先发展的机会和可能。在四个典型行业中，国内部分代表性企业积极进行转型升级的探索实践，其中一些经验值得研究和借鉴。

一、纺织服装行业

纺织服装行业是我国国民经济的传统支柱产业、重要的民生产业和具有较强国际竞争力的优势产业。经过改革开放40年的快速发展，我国纺织服装产业已经走过技术快速进步、规模快速扩张的起飞成长阶段，进入更加注重内涵增长和品质提升的成熟发展阶段。受市场需求增势疲弱、技术进步梯度收窄、传统优势日渐消退等因素综合影响，我国纺织服装产业面临内部亟待创新升级突破、外部亟待重构竞争优势的双重压力，加快产业转型升级、向价值链高端攀升成为当前及未来一段时期纺织服装产业发展的关键所在。

（一）发展现状及面临的主要问题

1. 受生产成本上涨、需求增速趋缓等因素影响，纺织服装行业进入发展相对成熟的低速增长阶段

我国纺织服装产业门类齐全，体系完整，配套齐全，已经确立了世界纺织服装生产大国和出口大国的地位。经过多年发展，一批优秀企业在激烈的市场竞争中涌现出来，成为行业发展的中坚力量，如雅戈尔、红领、波司登、七匹狼等。这些领先企业技术创新取得显著成效，在一些技术领域已经与国外发展水平相当，部分领域甚至处在国际领先水平。但是，在全球经济增长放缓导致外部需求增势疲弱、国内需求转向更高阶段导致内部需求增速趋缓的情况下，我国纺织服装产业已经走过技术引进的增长窗口期，行业发展缺乏重大技术创新和进步，逐步进入增势趋于平稳的成熟发展阶段。2016年，我国规模以上纺织业实现增加值同比增长5.5%，低于规模以上工业6.0%的总体增速。在巨大的转型压力之下，纺织服装企业着力推进技术改造和产品创新，依然保持了较高的投资强度，2016年纺织业固定资产投资同比增长10.7%，高于制造业4.2%的总体增长水平。

2. 产业发展过度依赖低成本竞争、技术含量不高，以高端化、品牌化为核心的非价格竞争能力不足

长期以来，我国纺织服装产业的竞争优势主要来自熟练、充足、廉价的劳动力资源，低成本投入、低价格竞争在相当长的时期内一直是我国纺织服装产业的核心竞争力。从持续发展的角度来看，成本和价格竞争优势难以持续，这种优势一方面会随着国内要素资源成本的上升而减弱，另一方面易于被后发者学习模仿从而实现产业追赶。而且，企业间为争夺市场

份额而过度竞争，还会导致相互压价的现象，可能遭受国外的反倾销指控。在国际上，一些纺织服装强国的竞争力主要来自技术创新和品牌经营，以高端化、品牌化为核心的非价格竞争力更为持久。由于国内纺织服装企业长期根植于代工制造环节，产品研发和市场销售环节均交由国外企业完成，导致国内企业对于消费需求、市场变化的把握和引领能力不足，适应需求、发现需求、引领需求的新产品开发滞后。在品牌运营方面，国内企业在品牌设计、品牌建设、品牌维护上投入不足，品牌影响力明显偏低，能够立足于国际市场的知名品牌仍是凤毛麟角。

3. 适应技术发展和市场需求变化，以定制化、智能化为核心的柔性生产成为纺织服装行业发展的新趋势

为适应需求个性化、消费快速化等新的变化趋势，耐克、阿迪达斯等国际知名服装企业积极研发兼具时髦设计和超强功能的智能服饰，并受到专业人士、年轻族群和运动爱好者的青睐。例如，耐克推出“Nike +”平台帮助设计师设计更加贴合消费者需求的产品。在“互联网 +”已经成为国家战略的形势下，如何运用互联网思维促进服装“智”造成为我国纺织服装行业转型升级的重要方向。近年来，国内纺织服装企业大量引进具有世界先进水平的生产设备，部分企业还引入信息化管理系统，建立小批量、多品种的快速反应体系，成为纺织服装行业新的增长点。目前，国内一些企业已经开展线上私人定制业务，如报喜鸟 C2B 个性化定制业务在天猫上线，但大量企业仍处于“工业 3.0”甚至“工业 2.0”发展阶段，机械化、自动化仍是企业转型升级的主要任务，距离“工业 4.0”的智能化要求还存在很大差距。因此，纺织服装企业在迈向智能化的过程中既要补基础工艺的“课”，又要迈技术创新的“坎”。

4. 受新兴发展中国家产业崛起影响，我国纺织服装产业面临产业转移、技术追赶、市场替代等挑战，产业国际竞争力受到很大冲击

近年来，基于后发的劳动力和成本优势，东南亚地区纺织服装行业呈现爆发式增长，南亚的孟加拉国、斯里兰卡和印度也呈快速发展之势。再加上一些东南亚及南亚国家享有欧美国家的免关税普惠制优惠政策，当地纺织服装产业对中国制造的替代进程不断加深，甚至国内一些纺织服装企

业因成本上升压力而改向“东南飞”，大量搬迁至东南亚地区。2016 年，我国纺织品服装出口额同比下降5.9%，贸易顺差下降5.6%。从出口结构来看，加工贸易额下降更为剧烈，同比降幅达 17.2%；从出口目的地来看，对美国出现 20 年来首次出口下降，降幅达 5.7%，对东盟出口下降 6.1%，对巴西、南非等新兴市场分别下降 29% 和 16.4%。受此影响，我国在传统国际市场上的出口占比也呈下降趋势，对美国、欧盟、日本三大市场的出口份额分别下降 1.1%、2.3% 和 3%。形成对比的是，欧盟市场来自东盟的进口增长6.6%，东盟国家在美国和日本市场的占比分别增长 0.3 个和 2 个百分点。

（二）红领集团转型升级的主要做法与探索

青岛红领集团有限公司（简称红领集团）创建于 1995 年，在发展初期以代工生产（OEM）和自主设计（ODM）为主要业务，逐步成长为生产经营中高端服装、服饰系列产品的大型服装企业集团。自 2003 年开始，红领集团逐步从传统制造模式向个性化定制生产转型，在大数据、互联网、物联网等技术支撑下，建立起大规模定制个性化产品的智能制造系统（见图 4 -1），打造出业内知名的“红领模式”。2015 年，红领集团销售收入总额居全国服装企业第 14 位，利润总额居第 12 位。

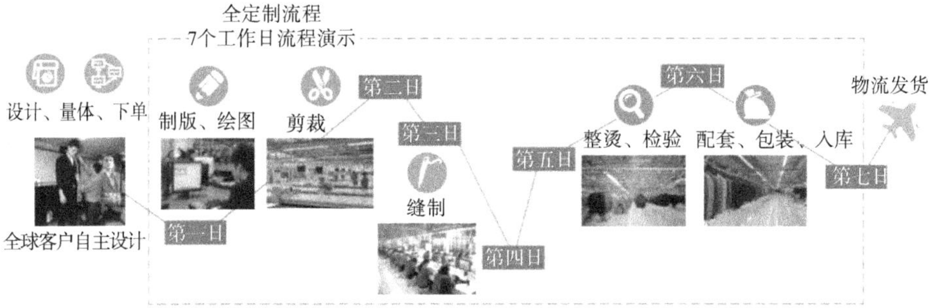

图 4 -1　红领集团全定制过程

1. 积极探索服装企业商业新模式

红领集团在商业模式上积极探索，推出了服装企业的 C2M（Customer to Manufacturer）模式。红领 C2M 模式被称为“数据驱动的3D 打印模式产业链”，即用工业化的标准流程生产出个性化定制的西服，借助互联网搭建起消费者与制造商的直接交互平台，减少了商场、渠道等中间环节，从产品定制、设计生产到物流售后全过程依托数据驱动和网络运作。红领集团形成了以网络商城为主、线下体验店为辅的“鼠标+水泥”模式，通过开设个性化定制体验馆、网上旗舰店等营销方式，推广和提高品牌影响力。C2M模式作为创新的数据采集和管理系统，不仅颠覆了传统量体裁衣加工制造的方式，也使定制成为一种时尚、个性化的生活方式，让定制服装开始走近越来越多的消费者。

2. 大力推进发展服装个性化定制

红领集团创新研发了个性化定制平台——男士正装定制领域的大型供应商平台RCMTM（Red Collar Made To Measure），其核心是一套由不同体型身材尺寸集合而成的大数据处理系统，在输入顾客身体测量数据和细节要求后，即可自动生成服装版型。客户可以24小时进入系统自主选择版型、款式和其他个性化需求。为了破解定制化和规模化生产的矛盾冲突，红领集团对生产数据进行即时采集分析和实时处理，生产线上每套西装所需的全部布片被挂在一个吊挂上，同时挂上一张附着客户信息的电子磁卡，存储顾客对于西装的驳头、口袋、袖边、纽扣、刺绣等个性化需求。每位员工都有一部电脑识别终端，操作者扫描衣服上的射涉识别（RFID）电子磁卡，再根据提示进行加工，实现个性化定制的工艺传递。

3. 全面夯实科技创新的支撑条件

红领集团为支撑MTM（Made to Measure）业务战略，投资建成了工业园区综合布线局域网，分公司、办事处通过互联网（Internet）以虚拟专用网络（VPN）方式接入、合作伙伴通过Internet链接的基础网络架构，建成了以服装MTM电子商务平台、服装企业资源计划（ERP）系统、服装计算机辅助设计/计算机辅助制造（CAD/CAM）系统、生产执行系统（MES）为核心的一体化信息系统支撑平台。聚焦信息化与工业化融合，红领集团研究开发了专有版权的软件，建立了高覆盖比率的正装版型数据库，涵盖西服、西裤、衬衣、马甲、大衣5个大类，共计超过了5亿个版型。该版型在数据库中按质到量排列、存放，充分融合信息化的匹配原则，可以满足99%以上的个性化需求。红领集团在量体方法上也取得了创新突破，通过产研联合研发激光电子量体仪，测量客户身体的19个部位，得到22个关键数据，再根据数据完成裁剪、缝合、熨烫、质检、入库等工序，彻底改变了传统的测量规则。

二、家电制造业

我国家电行业经过激烈市场竞争下的优胜劣汰，呈现市场化程度强、产业集中度高、规模经济明显等主要特征。特别是通过引进学习基础上的自主创新，我国家电产业已经形成较强的自主创新能力和品牌国际知名度，逐步从世界家电生产大国迈向世界家电强国，以技术、质量、服务为代表的非价格竞争方式成为领军企业在竞争中取胜的新的突破口。

（一）发展现状及面临的主要问题

1. 产业“走出去”步伐加快，一批跨国知名企业成长起来

作为我国最具国际竞争力的部门之一，家电产业在全球分工体系中的地位持续提升，价值链治理者的作用日益增强。自2004年TCL收购法国汤姆逊彩电业务开始，中国家电企业并购国外家电厂商呈现速度加快、规模变大之势，海尔、美的、海信等领先企业表现尤其突出。2016年，海尔以55.8亿美元价格收购通用电气家电业务，美的以33亿元人民币收购东芝家电80.1%股份，此外还收购了意大利中央空调企业Clivet 80%股权。并购海外优质家电企业一方面可以获得领先的技术和成熟优质的生产线，另一方面可以获得拓展海外市场的机会，提升品牌知名度和影响力。一些领先家电企业在巴西、印度、巴基斯坦、越南、南非、埃及等具有增长潜力的新兴市场建立了海外生产基地，资本及产业“走出去”进程进一步加快。这些具有代表性的“走出去”活动对推动我国家电产业转型升级和全球价值链布局起到积极促进作用。2016年，美的集团海外营业收入达640亿元，占公司营收比例的43.5%。

2. 消费需求增长趋于缓慢，市场面临新的挑战和变化

改革开放以来，随着经济增长不断加快，人民生活水平大幅提高，家电产业进入产能迅速扩大、市场加速成长的快速发展时期。但是，经过三十多年的发展积累，部分市场家用电器拥有量已经基本饱和，目前家电产业成为典型的供给过剩的买方市场。一方面，受居民消费结构升级影响，

住房、教育、医疗、养老、文娱等方面的消费快速增长，这些支出替代和挤占了居民在其他方面的消费需求。另一方面，国内消费需求因经济结构调整而处于增长低迷时期，对家电消费市场持续扩大形成一定制约。这些因素都在一定程度上抑制了家用电器的需求扩大和更新升级。2016 年，全国百家重点大型零售企业家用电器销售额同比仅增长 0.5%，洗衣机、电冰箱等传统产品增长尤其缓慢。因此，家电市场亟待挖潜新的增长空间，农村市场、年轻消费群体等将成为新的增长点。但是，新增市场开拓面临的制约依然存在，包括农村地区的售后服务、面向新消费群体的产品创新等。

3. 核心技术仍存发展短板，创新能力有待进一步提升

经过多年引进学习和技术追赶，我国家电行业研发设计能力明显增强，产品技术含量和品质性能不断提高，各种概念的新型高端产品陆续开发出来。在 2017 年德国柏林国际消费电子展（IFA）上，奥克斯、美的、海尔、TCL、方太、老板等家电企业获得了“年度产品创新大奖”。但是，制约产业发展的一些核心技术和关键部件仍掌握在日本、美国、韩国等发达国家企业手中，国内家电企业发展短板突出，依然受制于人。由于基础材料、模具加工、板件成型等环节精细化水平较低，导致国产零部件品质较差，可靠性和稳定性不足。在冷柜领域，尽管澳柯玛低温冷柜在质量、性能、设计、售后、节能效果、用户体验等方面都走在行业前列，但在核心部件制冷系统方面还严重依赖进口压缩机和风扇电机（EBM）。再如，液晶面板上游的偏光片生产主要集中在日本电工、住友化学、三立化学、三星 SDI、LG 化学等日韩企业。受下游需求带动影响，我国偏光片需求规模迅速扩大，占到全球市场的 15% 左右，但产能仅占全球的 8.8%，且多集中在低端领域。

4. 节能、环保、智能、互联网化将成为家电行业发展新趋势

作为家庭总能耗的主要组成部分，高效节能和绿色环保成为家电制造商关注的重要方面。在世界各国不断升级家用电器能效标准的背景下，我国政府和消费者对节能环保的要求也在不断提高，节能环保型家用电器的市场前景非常广阔。家用电器节能环保不仅体现在使用环节，更要贯穿于设计、制造、使用、报废及回收的整个生命周期。根据相关研究，经过最近十多年的发展，空调、洗衣机、冰箱等主要家用电器的能耗降低了 30% ~

50%。随着智能概念推广和年轻用户成为消费主力军，具有新功能和科技时尚感的智能家电迎来发展黄金期，家电企业对智能产品的研发投入不断加大，在数量和品种上都呈快速发展之势。目前智能空调市场规模已占总量的20%，销售额占比接近25%，2017冷年内上市智能空调销量占比约为80%。此外，家电企业积极开展与B2C平台的合作，以准确快速地把握消费者需求，更好地生产出适应消费者需求变化的产品。

（二）海尔集团转型升级的主要做法与探索

经过多年自主研发和技术积累，海尔集团正在逐步成长为家电创新引领者，在白色家电领域与全球知名企业处在同一技术水平，部分技术甚至领先于国外企业。顺应智能制造发展趋势，2012年海尔集团开始互联工厂探索实践，并于2015年建成全球首个智能互联工厂，堪称全球白色家电企业智能制造的典范。2016年，海尔集团全球营业收入2016亿元，近十年的复合增长率达到6.1%，实现利润203亿元，复合增长率达到30.6%。

1. 聚焦提升企业自主研发创新能力

在多年发展历程中，海尔集团培育形成了以鼓励创新为核心的文化传承，致力于在行业发展的共性、关键技术方面实现颠覆性创新。为此，海尔集团建立了以观念创新为先导、以战略创新为方向、以组织创新为保障、以技术创新为手段、以市场创新为目标的系统化创新体系。海尔集团专利申请数量稳居行业首位，是参与国际标准、国家标准、行业标准订立最多的中国家电企业，一度跻身全球最具创新力企业十强之列。2015年，企业科技活动经费支出181亿元，科技活动人员13521人；累计申请专利16537项，其中发明专利6621项，实用新型专利5062项，外观设计专利4854项；主导和参与国家标准编制317项，承担国际标准组织技术委员会秘书处2个；成功运作了防电墙热水器专利池项目、双动力洗衣机专利池项目。目前，海尔集团拥有全球最大的产品测试和用户体验中心、覆盖领域最全的联合实验室和最具行业影响力的创新创业基地。

2. 深度融合互联网新理念和新技术

随着互联网技术的深度普及和广泛应用，从生产者到使用者的沟通障碍减少、成本降低、效率提高，消费者逐渐从产业后端走向产业前台，成为产业发展的核心资源。同时，互联网的普及推广使消费者的需求由标准化转向个性化、由被动化服务转向主动化诉求，生产制造全流程的服务化程度大幅提高，从售前到售后各个环节的服务要求更加精确和人性化。为适应这种变化，海尔集团大力推进“人单合一”双赢模式，“人”是指包括在线和在册员工在内的所有员工，“单”表面上是订单，实质上是指用户资源。“人单合一”就是要深度对接员工服务和用户需求，以达到最佳的用户体验。以“人单合一”模式为核心，企业内部的研发—生产—服务环节和市场端的消费需求充分衔接、深度融合，既以用户需求为导向，把创造用户最佳体验作为最大追求，又以员工向创客转变为根本，鼓励释放最大增长潜力和可能。

3. 积极构建供应链新型生态系统

在长期发展历程中，海尔集团基本维持着“供应商—制造商—经销商—顾客”链式结构，产品的采购、供货、制造、配送和售后服务在链条上逐步传导。链式结构易于管理，但间接关联的上下游环节缺乏高效便捷的直接联系，导致不同环节间的信息延迟、反应滞后，产业链响应速度难以满足互联网时代的发展要求。为提高全产业链的响应速度，海尔创造性地提出网络结构的供应链模式，即并联平台模式，按照顾客驱动的“即需即供”要求，海尔和上下游参与者实现基于网络平台的全球资源整合和信息交流。在上游供应端，海尔建立了面向模块供应商的“模块商资源”平台，将顾客需要的产品分解成子模块需求发布到平台上，供应商根据自身情况提交解决方案供海尔选择。这种供应模式打破了海尔和上游供应商的传统合作关系，通过共担风险、共享信息建立了一种既深度合作又灵活弹性的协作关系，实现了对顾客需求的快速反应和供应链价值最大化。

4. 探索推进企业组织结构优化调整

企业组织结构调整是生产方式转变和组织模式创新的重要保障。海尔打破了传统的“正三角”式层级结构，转而采用“倒三角”式的组织结构，将企业由“管控型组织”转型为“平台型组织”。在传统组织结构中，虽然市场信息的获取由一线员工负责，但决策权由处于金字塔顶层的领导者负责。自上而下的决策传递和自下而上的信息反馈不但增加了组织决策的时间，还可能造成传递过程中信息和决策的失真。海尔新型的组织结构以灵活性高、交互性强为特征，顾客处于组织结构的顶层，处于市场一线的一级经营体有权根据顾客需求决定是否开发某项产品或服务，处于组织中部的二级经营体负责为一级经营体提供资源和流程支持，处于最底端的决策领导者保证经营体间的协同，并时刻观察外部情况以发现新的战略机会。为保障“倒三角”组织结构的稳定和有效运转，海尔内部形成了顾客驱动机制、经营体契约机制、“人单酬”分配机制和“官兵互选”组织机制。

三、工业机器人

工业机器人被誉为“制造业皇冠顶端的明珠”，是实现工业自动化、数字化、智能化的核心保障。目前，世界各国围绕重构制造业竞争优势的角逐很大程度上取决于工业机器人的研发和应用水平。近年来，我国工业机器人产业在市场拉动和政策推动下获得高速发展，前景可期，但也同样面临高端产业低端化、核心瓶颈制约严重等突出问题。

（一）发展现状及面临的主要问题

1. 随着劳动力成本不断上涨，工业机器人产业发展势头加快

随着我国工业转型升级加快和劳动力成本不断攀升，智能化生产迎来发展契机，工业机器人成为我国重点发展的战略性新兴产业之一。其中，通过大量采用工业机器人，降低劳动需求和生产成本，从而提高企业竞争力是工业机器人快速发展的内在动力；政府部门的多重利好政策则是推动产业发展的外在动力，如支持智能化改造等。2016 年，我国工业机器人产量达 72426 台，相比 2015 年增长 34.3%；机器人销售总量达 89000 台，同比增长 26.6%，连续 5 年位居全球第一大工业机器人市场。从工业机器人使用密度来看，最高的韩国万人密度为 69 台机器人，中国仅为 49 台，使用密度仍有较大增长空间。按照相关规划，到 2020 年，我国机器人销量将达到 15 万台，持有量 80 万台，国产机器人年产量达 10 万台，市场占有率达 67%。因此，我国机器人产业有望保持快速增长势头。

2. 越来越多领域采用机器人，汽车、电子等仍是主要应用领域

2015 年底，全球正在使用的工业机器人数量达到 160 万台，主要行业包括金属、机械、汽车、橡胶和塑料等。但是，工业机器人应用最集中的

领域是汽车制造和电子电气行业，机器人使用量分别达到95000台和53000台。汽车行业机器人密度因而成为衡量一个国家智能化水平的重要指标。在我国，汽车和电子工业机器人使用量占比达到59%，装配、点胶、搬运、焊接是最主要的机器人应用环节。此外，橡胶塑料、军工、航空、食品、医药设备、金属制品等领域的工业机器人使用量也在快速增长。从企业来看，包括华为、中兴、比亚迪等在内的智能化领先企业已经大量应用机器人，富士康曾提出“百万台机器人战略”，其在一些生产岗位的机器人替代率已达到70%。

3. 由于发展起步晚，基础薄弱，国内外企业技术差距明显

相比ABB、发那科、库卡、安川电机四大跨国机器人巨头，我国机器人企业起步晚，基础薄弱，差距不小。一是研发创新能力不足，知识产权发展滞后。国外企业机器人研发和专利技术优势明显，在工业机器人全球重要专利申请人中，日本的安川电机和发那科居全球前两位，在前15位全球重要专利申请人中日本企业占据11席，国内尚无企业上榜。二是产业化程度低。部分国内企业仅有少量试制样机，多数企业年平均产量只有数百台，无法达到盈亏平衡要求的产业化水平。而且，由于产品可靠性低、故障易发、维护滞后，国产机器人市场认可度依然偏低。三是关键零部件及核心共性技术尚处在起步发展阶段。减速器、伺服电机、控制器等关键零部件是机器人产业链的关键环节。在国际上，精密减速机长期被日本的Nabtesco和Harmonic Drive垄断，交流伺服电机及控制器基本被日本、德国和美国企业所垄断。近年来，由于国内企业追赶步伐加快，零部件进口依赖局面有所改观，国内控制器已经接近国际水平，伺服电机约50%为国内自主配套，RV减速器实现批量应用。

（二）新松机器人转型升级的主要做法与探索

新松公司成立于2000年，产品涵盖工业机器人、洁净机器人、移动机器人、特种机器人及智能服务机器人五大系列，其中多项产品填补国内空白、打破国外垄断，在大量替代进口的同时，产品成功出口全球多个国家和地区。新松公司发展至今，大致经历了初创期、快速发展期和国际化发展期三个阶段，工业机器人生产规模居国内首位。2016年，新松公司实现营业收入20.33亿元，同比增长20.65%，并入选2016年全球最具影响

力 50 家机器人公司。

1. 整合多方资源释放创新增长活力

新松公司发展始于中国科学院沈阳自动化研究所，拥有以院士、博士及高级专业技术人员为核心的国家级创新团队。作为我国最早开展机器人研究的单位，该研究所是我国机器人学研究的中坚力量，深厚的科研积淀成为新松机器人创新发展的动力支撑。2015 年 9 月 22 日，东北大学、中国科学院沈阳自动化研究所、沈阳新松机器人自动化股份有限公司合作组建机器人科学与工程学院，为推进机器人领域科技创新提供有力的智力支撑和人才保障。2016 年 3 月，作为中国首次并购德国教育机构的成功案例，新松机器人控股子公司收购德国具有 110 年历史的教育机构陶特洛夫，并在沈阳成立中德新松教育集团，专门针对机器人和未来智造专业进行科技创新人才培养。此外，新松还与跨国企业施耐德电气签署全面战略合作协议，共同推动智能制造发展和技术革新。

2. 聚焦产业瓶颈加强核心技术攻关

新松公司把提高自主创新能力摆在增强企业核心竞争力的首要位置，搭建了国家、企业、事业部三级技术研发平台和产学研融合的研发体系，不断通过自主科技创新突破国外技术垄断并开拓新的产品市场。机器人核心技术包括人机交互技术、控制技术、环境感知和人工智能等方面。新松以创新为先导，公司的组织架构、人才团队、薪酬设计等都围绕创新而构建。目前，新松公司拥有 30 项软件著作权和 200 项专利，主导制定国家标准草案 7 项，拥有企业标准 29 项，其中 2016 年度更新企业标准 15 项，新增企业标准 8 项。经过多年研发创新，新松公司形成集自主核心技术、关键零部件、领先产品及行业系统解决方案于一体的完整产业链，逐步实现向国内外客户提供自主研发的机器人核心零部件、高端工业及服务机器人产品、系统解决方案等产品与服务。

3. 适应引领市场需求推出创新产品

新松公司始终坚持以客户需求为出发点的商业模式创新，推动公司发展从制造环节向前端的方案设计和后端的服务延伸，逐步从生产商向平台商转型。为充分、尽快对接响应市场需求，新松公司构建了“3 + N + M”模式布局，在沈阳、北京和上海分别设立国内总部、投资总部和国际总部，在全国中心城市设立 N 个区域公司，下面再设立 M 个子公司。围绕工业、交通、能源、民生等领域的产品和服务需求，新松公司将产品线扩展作为长期发展战略，机器人产品从初期的工业机器人及自动化设备，逐步发展到工业机器人、移动机器人、洁净机器人、特种机器人和服务机器人五大类80余种机器人产品及数字化工厂业务。2016年，新松公司开发出具有力反馈控制功能的七自由度协作机器人和基于双目视觉能够完成装配作业的双臂作业机器人等新产品，技术性能达到国际一流水平。

四、新能源汽车

新能源汽车是典型的创新型产业，研发密集、创新引领的特征明显。由于产业发展尚处在产业生命周期的初始阶段，无论是发达国家还是我国都未实现大规模产业化和推广应用，尚无企业具备绝对领先的技术优势和市场地位，我国由传统产业中的跟随者转变为创新型产业中的同行者。我国在传统燃油车领域相比发达国家大概有20年的技术差距，但在新能源汽车领域起步不晚、发展不慢，产业成长空间很大。

（一）发展现状及面临的主要问题

1. 受市场和政策双轮驱动，新能源汽车获得高速发展

新能源汽车一方面具有节能环保属性，是推进低碳减排、改善生态环境的有效举措，另一方面具有科技时尚属性，是融合信息技术、智能控制等新科技的新型产品，因而对于环境保护者、时尚爱好者以及年轻消费者有着天然的市场吸引力。同时，各级政府出于解决环境污染问题、培育新的经济增长点等考虑，密集出台有利于新能源汽车发展的研发补贴、税费减免、购买补助等鼓励政策，也对新能源汽车产业形成强有力的政策支撑。目前来看，新能源汽车产销增长的政策依赖明显。2015年，近四分之三的新能源汽车销量集中在实行限行、限购政策的城市，中央和地方政府用于新能源汽车的财政补贴额度很大，成为新能源汽车产销增长的强心剂。2016年，我国新能源汽车生产51.7万辆，销售50.7万辆，比上年分别增长51.7%和53%，连续两年产销量居世界第一。其中，纯电动汽车产销分别完成41.7万辆和40.9万辆，比上年分别增长63.9%和65.1%；插电式混合动力汽车产销分别完成9.9万辆和9.8万辆，比上年分别增长

15.7%和17.1%。

2. 核心技术尚未完全突破，产品成本和性能制约明显

新能源汽车发展的核心在于关键技术和核心零部件。新能源汽车发展的首要任务在于聚集技术力量攻克动力电池等关键技术瓶颈，在实现关键技术突破后再大规模推进新能源汽车产业化和规模化。从新能源汽车的成本构成看，电池驱动系统占据整车成本的30%～45%，动力电池又占电池驱动系统约75%～85%的成本构成。受电池密度、成本、质量等关键因素制约，绝大多数新能源汽车产品价格高、续驶里程短、智能化程度低，不论是在价格上还是在性能上都难以让消费者满意。2015年中国汽车行业用户满意度测评结果显示，新能源汽车用户满意度水平仅有65分，比传统燃油汽车低14分；新能源汽车用户抱怨率为34.5%，是燃油汽车的2.4倍。更为严峻的是，国内新能源汽车发展呈现“重整车轻零部件、重生产轻研发”的格局，导致基础性研发和终端应用环节投入较少，关键技术和核心零部件发展滞后，给新能源整车“繁荣”埋下不可忽视的发展隐忧。这在动力电池隔膜、电池管理系统、驱动电机高速轴承和控制系统用电子元器件等核心部件及技术上尤其突出。

3. 基础配套设施发展滞后，使用环境有待改善提升

充电桩、充电站作为必备的基础设施条件，是新能源汽车使用推广的首要保障。由于消费者数量偏少、基础建设费用高、成本回收期长，目前我国充电基础设施建设相对滞后。以北京市为例，全市城镇地区停车位总量382万个，城镇居住区停车缺口129万个。从调研来看，停车位不足是消费者购买新能源汽车的第一制约。从公用充电设施来看，一些已建成的充电设施存在布局不合理、兼容性较差、使用率较低等问题。由于建设和运营维护成本较高，缺乏长效盈利机制，社会资本对充电基础设施的投资积极性不足。因此，在政府与社会资源投入有限的条件下，如何按照新能源汽车类别、数量、区域分布、充电基础设施对于区域电压影响等情况，科学合理地对充电基础设施建设的优先顺序、布局策略等进行优化设计研究，对于推动新能源汽车市场拓展、提高消费者充电服务便捷性与满意度至关重要。同时，在政策保障、服务策略、售后服务执行、服务品质、服务便捷性等方面，新能源汽车售后服务保障与常规动力汽车仍存在差距。

4. 商业模式探索步伐加快，有待进一步发展创新

由于新能源汽车发展面临价格偏高、续驶里程短、充电不便、消费者接受度不高等问题，引入合理的商业运营模式可有效降低新能源汽车的使用门槛，加速产业化步伐。目前，新能源汽车相关企业在探索实践中已经形成了一些典型的商业模式，一是整车销售，这以产品价格及性能可接受、停车充电方便等条件为前提；二是整车租赁，包括服务于机构融资的直租和售后回租等形式的融资租赁，以及个人用车的以租代购、合约租赁、短租及分时租赁等用车租赁方式，这种模式获得部分整车企业的认可，也规避了政策及技术领域尚未解决的难题；三是裸车销售及电池租赁，通过分拆电动汽车销售和动力电池销售，以实现电动汽车销售价格下降，解决电池充换兼容问题，同时可以协调车企、电池技术企业、国家电网及充电桩布点的利益。由于新能源汽车技术尚在发展演变，市场尚在培育形成之中，各种商业模式也仍在探索之中，组织方式及盈利方式仍不明确，有待进一步发展创新。

（二）比亚迪转型升级的主要做法与探索

比亚迪既是我国新能源汽车领军企业，也是最大的动力电池生产商之一。2016 年，比亚迪新能源汽车销量达 9.6 万辆，同比大幅增长 69.85%，蝉联全球第一。新能源汽车业务整体收入约人民币 346.18 亿元，同比增长约 80.27%，占总收入的比例增至 33.46%，成为集团收入和利润的重要来源。2017 年上半年，比亚迪占我国新能源汽车市场份额为 19.5%，占新能源乘用车市场份额为 21.7%。

1. 以关键零部件为突破推动产业发展

比亚迪几乎具备所有核心零部件的自主研发生产能力，是国内少有且领先的掌握“三电”（电池、电机和电控）核心技术的新能源汽车制造商。2017 年，比亚迪有三项技术获得“中国工业车辆创新奖”，分别是磷酸铁锂电池项目、电动叉车 VTOG 控制器项目、电动叉车永磁同步电机项目，在产品技术方向、产品创新性、行业代表性、产品成效性等方面表现优异。强大的电池研发和生产能力是比亚迪的核心竞争优势。比亚迪在电池代工领域积累多年，逐步建立起生产资料、核心技术、市场营销、资金储备、企业管理等竞争优势。2016 年，比亚迪电池出货量达 7.4Gwh。比

亚迪深圳坑梓工业园铁电池产能达 8Gwh，可为 2.5 万辆电动大巴或 60 万辆新能源乘用车提供电池。该基地总投资额达 70 亿元，采用世界上先进的自动化生产线，具有高精度、高速度、高智能化等特点。

2. 立足优势建立差异化技术进步路径

比亚迪一直坚持插电式混动汽车起步、逐步过渡到纯电动汽车的技术路径，并在插电式混动汽车方面建立起全球领先的技术优势。在发展初期，比亚迪通过深入分析产业专利的分布情况和技术特征，绘制新能源汽车发展专利地图，指导新能源汽车技术研发创新。比亚迪混动技术基于“纯电动＋混合动力”（EV＋HEV）双动力混合系统，即“双模”，既可以在纯电动模式下行驶，也可以在油电混合的模式下行驶。这一技术起步是以 F3DM 为代表的 DMI 系统，第二步是以比亚迪秦为代表的 DMII 系统，后续的比亚迪唐搭载了最新“542”科技的“三擎双模”技术。作为全球最大的插电式乘用轿车和 SUV 生产商，比亚迪旗下两款插电式混合动力车型（秦、唐）环保节能、动力性能、充电便捷性及成本优势明显。从全球车型销量排名来看，作为中国最为畅销的插电式汽车，比亚迪唐 2016 年销量为 31405 台，排在全国第 1 位、全球第 3 位，仅次于特斯拉 Model S 和日产 Leaf，比亚迪秦销量为 21868 台，排在全国第 2 位、全球第 8 位。

3. 构建“模仿学习＋整合资源＋自主创新”的研发模式

在长期的代工业务中，比亚迪与国际一流客户（摩托罗拉、诺基亚、索尼、GE 等）密切合作，极大地提升了企业的技术研发速度和品牌国际影响力。比亚迪在技术研发模式上，一直奉行“分解研发”模式，即“核心技术＝拆分国外产品学习原理和特性（30%）＋从公开文献筛选合适的非专利技术（60%）＋原材料（5%）＋自身的研究（5%）”。进入汽车领域后，比亚迪专门建立了上百人的团队研究全球专利技术，大量使用非专利技术，在此基础上进行组合集成再创新。近年来，比亚迪进一步加强在研发创新领域的战略合作，以增强在核心领域的自主创新能力。2010 年 5 月，比亚迪与德国顶级汽车制造商戴姆勒奔驰成立合资公司，核心内容是比亚迪提供电动汽车技术，奔驰提供整车产品平台，共同开发新型电动汽车，打造新能源汽车高端品牌。2011 年 7 月，比亚迪与英特尔合作，加大在智能汽车等方面的科技创新。2016 年，比亚迪公司与西门子公司签约合作建设工业 4.0 智能工厂，利用互联网信息技术、智能化的先进管理方法等提升制造水平。

五、研究启示

（一）传统优势部门通过生产流程重构、商业模式创新等提升竞争能力

经过长期的产业发展和技术进步，我国在纺织服装、家电制造等传统产业领域建立起强大的成本竞争优势和产业配套优势。但是从目前来看，这些产业部门正面临新的发展形势，其中既有来自新兴发展中国家的成本冲击，也有发达国家采用先进制造工艺的技术冲击。因此，我国传统优势部门的产业竞争能力亟待重构，重点是通过采用工业机器人、智能制造、互联网等新技术实现生产工艺流程重构和商业模式创新，一则探索寻求最佳程度的人机匹配，推动产业从依赖要素投入的规模生产、成本竞争向依赖人机协作的柔性生产、品质竞争转变，二则创新发展适应需求变化的新型商业模式，推动产业从锁定在中间环节的代工生产向客户深度参与的全链条融合发展转变。前者是生产端的重构，后者是市场端的重构。对于供应商驱动的价值链来说，生产端的重构至为关键，如家电产业等；对于销售商驱动的价值链来说，市场端的重构至关重要，如服装产业等。

（二）产业追赶部门通过多方资源整合、核心技术攻关等实现发展赶超

从全球竞争的角度来看，我国部分产业处在全球分工的中间梯度，即相比多数发展中国家具有一定技术优势，但是相比部分发达国家仍存在较大差距。典型行业分析中的工业机器人即是此种类型，此外的精密机械、关键设备及部件等产业也属于此类。这些部门发展升级的关键在于补齐发展短板，突破技术瓶颈，逐步提升产品性能、品牌影响力和客户合作能力，进而从区域竞争优势向全球竞争优势转变。为此，企业要多方整合资源释放技术追赶红利，通过构建产学研深度融合的研发创新体系，在制约产业发展的瓶颈环节寻求突破，从而打破国外企业在关键技术和核心部件的垄断格局，并逐步从国内市场的进口替代向面向全球市场的国际化经营

转变。其中，在提升本土企业研发创新能力的同时，积极并购国外优质企业和优质资源，是实现技术追赶和市场拓展的有效途径。

（三）新兴发展部门通过加强自主创新、优化市场环境等推进创新发展

从产业生命周期来看，新兴发展部门处在起步成长期，发展路径尚不成熟，产业的创新潜力和成长空间很大。在新兴发展部门，无论是发达国家还是我国都未实现大规模产业化，各国起步有先后但差距不是很大、技术有高低但均未完全突破、市场有大小但均未完全占领，不同国家间具备平行竞争的可能。这类部门发展的关键是要抓住技术突破窗口实现发展跨越，在创新示范中谋求产业领先。为此，要通过加强创新环境营造、创新要素培育以及引进学习和创新协作条件优化，充分发挥各类市场主体的积极性，使一切有可能的优质资源都成为促进产业发展的关键力量，从而最大程度地激发市场创造活力，争取率先在关键技术领域实现重大突破。由于消费者对于新技术、新产品的认可可能需要较长时间，市场推广引导在产业发展中较为重要，政府部门要围绕推广示范、消费激励、配套设施及使用环境采取一些有效措施。

（**执笔人：**徐建伟）

参考文献

[1]2016 年中国服装行业的 17 个发展趋势预判!［EB/OL］.(2016 - 02 - 01). https://www. tnc. com. cn/ifo/c - 001001 - d - 3560240. thml

[2]中国纺织品进出口商会. 多因素致持续下跌,纺服出口正式进入拐点［EB/OL］.(2017 - 02 - 22)［2018 - 11 - 27］. https://www. ctanet. cn/News/Show_887885521. html

[3]周路菡. 红领的"互联网工业"新模式［J］. 新经济导刊,2015(9).

[4]周倩. 红领模式:基于大数据的工业化定制［J］. 中国工业评论,2015(10).

[5]郭伟"两化融合"青岛红领稳居高端定制领域［EB/OL］.(2011 - 11 - 10)［2018 - 11 - 28］. https://cmif. mei. net. cn/news. asp? sid = 398614

[6]严先薄. 教育住房医疗三高使居民不敢消费［N］. 上海证券报,2006 - 11 - 13.

[7]徐建伟. 突破多重制约加快消费品工业迈向中高端［J］. 中国经贸导刊,2016(31).

[8]甄妮. 海尔"人单合一"双赢模式:让员工成为创客［N］. 第一财经日报,2014 - 12 - 12.

[9]孙凤娟,郑玉香. 互联网驱动下的供应链管理创新:以海尔的最新转型为例［J］. 山西青年,2016(11).

[10]曹仰锋. 海尔"倒三角"运转的四大机制［J］. 商业评论,2013(7).

[11]胡喆. 高工机器人网. 中国工业机器人使用密度达每万人 49 个［EB/OL］.(2016 - 10 - 23)［2018 - 11 - 28］. https://www. gg - robot. com/asdisp2 - 65b095fb - 58635 - . html

[12]专利分析运用智库. 全球工业机器人产业专利申请 15 强是哪些企业?［EB/OL］(2016 - 09 - 20)［2018 - 11 - 30］. https://www. chinairn. com/news/20160920/09004559. shtml

[13]杨红英. 机器人:新一轮科技与产业变革的旗帜［N］. 中国工业报,2017 - 09 - 19.

[14]铁流．中国机器人产业:与国外技术差了几道街?［J］．财经国家周刊,2016－05－08.

[15]徐建伟．我国新能源汽车发展的技术路线研究[J]．产业经济评论,2015(6).

[16]刘瑾．上半年我国汽车市场势头良好 新能源汽车销量快速增长[N]．经济时报,2016－07－27.

[17]钟师．政治驱动,新能源车“种瓜得豆”[J]．中国汽车要闻,2014－03－14.

[18]中国质量协会.2015年中国汽车行业用户满意度(CACSI)测评结果[EB/OL].(2015－10－09)[2018－11－30].https://auto.huanqiu.com/lastestnews/2015－10/7712841.html? agt＝1543

[19]仝鹏,许正权,李天博．我国新能源汽车行业现状分析与发展策略研究:基于产品保证的视角[J]．价值工程,2016(19).

[20]王静宇,刘颖琦,Arikokko,等．基于专利信息的中国新能源汽车产业技术创新研究[J]．情报杂志,2016,35(1).

[21]刘桂菊,刘善海．从OEM到OBM:战略创业视角的代工企业转型升级:基于比亚迪的探索性案例研究[J]．科学学研究,2013,31(2).

第五章 借鉴国际经验推动我国实体经济健康发展

内容提要 本章总结了近几十年来世界主要发达国家实体经济运行的基本情况，主要研究分析了美国、日本和德国实体经济发展的经验和教训，梳理了主要国家经济虚拟化过程中实体经济发展存在的问题。这为我国实体经济发展提供了一些启示：一是理清了经济虚拟化的主要原因不在于虚拟经济，而在于实体经济。二是应对实体经济发展困局，当务之急是要解决制约实体经济发展的根本问题，而非通过扩张信贷为实体经济造血。三是我国经济发展阶段发生转变，我国实体经济发展方式随之改变，这就要求我国发展实体经济的制度和环境也要相应作出改变。四是推动实体经济持续健康发展关键是要创造机会平等、鼓励竞争和创新的制度环境。

实体经济是一个国家经济发展的基石，是社会稳定的基础。实体经济健康发展，则国家经济社会发展稳步向前；实体经济发展受困，则国家经济社会发展问题频发。本文借鉴国际经验，梳理出实体经济和虚拟经济的关系，归纳总结世界主要国家实体经济发展的经验和教训，旨在为我国实体经济健康发展提供借鉴。

一、主要发达国家实体经济运行的总体特征

世界主要发达国家实体经济运行主要呈现出三大特征：第一，总体来看，世界主要发达国家实体经济对国民经济的贡献在不断下降。表 5 – 1 报告了 1950—2012 年美国各产业 GDP 创造贡献率。美国的实体经济对国民经济的贡献是不断下降的，1950 年美国实体经济占比达到 88. 5%，到 2012 年，

实体经济降到 79.8%，其中传统实体经济下降更甚；美国虚拟经济对国民经济的贡献则是不断增加的，从 1995 年的 11.5% 上升到 2012 年的 20.2%。图 5－1 描述了美国、日本、德国、英国、法国和韩国在 1995—2011 年实体经济占 GDP 比重的变化趋势，结果发现，近 20 年来，这些国家的实体经济占 GDP 的比重都在下降，其中美国、法国、日本和英国实体经济占比下降幅度较大，而德国和韩国实体经济占比下降幅度较小。图 5－2 还报告了近 20 年来世界主要发达国家制造业增加值占 GDP 比重，结果发现实体经济比重下降明显的国家制造业增加值比例也都出现了下降，德国和韩国的制造业增加值比例则还有所上升，这可能是德国和韩国保持实体经济稳定发展的重要原因。第二，世界主要发达国家实体经济比重波动较大。尽管从长周期来看下降趋势明显，但在某些短周期内，美国、日本、德国实体经济有回升趋势。特别需要强调的是，在国际金融危机后，美国、日本、德国实体经济占 GDP 比重均有不同程度的上升。这与世界发达国家在经历金融危机重创后，颁布和实施一系列重塑制造业的政策和措施有关。第三，世界主要发达国家实体经济的利润率在不断下降。有数据显示，近 30 年来美国实体经济利润率基本停滞，2008 年美国利润率平均值为 8.35%，中位数为 8.53%，分别低于 1952—1974 年的平均值 10.61% 和中位数 10.53%，说明利润率没有得到有效恢复。①

表 5－1　1950—2012 年美国各产业 GDP 创造贡献率②（%）

年份	实体经济										虚拟经济		
	传统实体经济					服务业与政府部门							
	农业采矿公用	建筑业	制造业	运输仓储信息	合计	教育医疗救助	娱乐休闲餐饮	批发零售业	职业服务政府与其他	合计	金融	房地产	合计
1950	11.0	4.4	27.0	8.6	51.0	2.0	3.0	15.3	17.2	37.5	2.8	8.7	11.5
1960	8.9	4.3	25.2	7.6	46.0	2.7	2.8	14.4	20.1	40.0	3.6	10.4	14.0

① 谢富胜，李安．美国实体经济的利润率动态：1975—2008［J］．中国人民大学学报，2011，25（2）：81－91.

② 何玉长，张沁悦．实体与虚拟：二元经济之中美比较［J］．深圳大学学报（人文社会科学版），2014（3）：92－98.

续表 5－1

年份	实体经济										虚拟经济		
	传统实体经济					服务业与政府部门							
	农业采矿公用	建筑业	制造业	运输仓储信息	合计	教育医疗救助	娱乐休闲餐饮	批发零售业	职业服务政府与其他	合计	金融	房地产	合计
1970	6.1	4.8	22.7	7.5	41.1	3.9	2.9	14.5	22.9	44.2	4.2	10.5	14.7
1980	7.7	4.7	20.0	7.6	40.0	4.8	3.0	13.8	22.4	44.0	4.9	11.1	16.0
1990	5.7	4.3	16.7	7.0	33.7	6.5	3.4	12.9	25.5	48.3	5.9	12.1	18.0
2000	3.8	4.7	14.2	7.2	29.9	6.8	3.8	13.2	26.2	50.0	7.7	12.4	20.1
2007	4.6	4.7	12.1	7.4	28.8	7.7	3.9	12.1	27.1	50.8	7.7	12.7	20.4
2008	5.3	4.3	11.5	7.5	28.6	8.1	3.7	11.6	27.6	51.0	7.3	13.1	20.4
2009	4.6	3.9	11.0	7.1	26.6	8.8	3.8	11.6	28.2	52.4	7.8	13.2	21.0
2010	4.8	3.6	11.2	7.1	26.7	8.8	3.8	11.5	28.3	52.4	8.0	12.9	20.9
2011	5.1	3.5	11.5	7.3	27.4	8.7	3.9	11.6	28.2	52.4	7.7	12.6	20.3
2012	4.8	3.6	11.9	7.4	27.7	8.6	4.0	11.8	27.7	52.1	7.9	12.3	20.2

总之，主要发达国家长期都遭受实体经济比例下降的困扰，一些国家实体经济利润率下降明显，这表明实体经济发展不顺是世界发达国家的通病。此外，尽管这些发达国家在一定时期内采取了一些措施应对实体经济下行，这可能会在短期内取得一定成效，但在长时间内仍具有滑入实体经济疲软泥潭的风险。

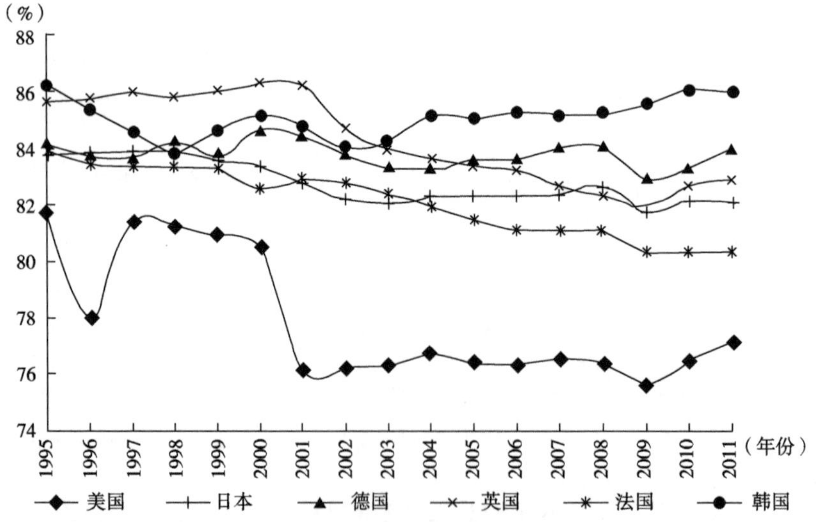

图 5－1　1995—2011 年主要发达国家实体经济占 GDP 比重

数据来源：根据世界投入产出表数据整理。

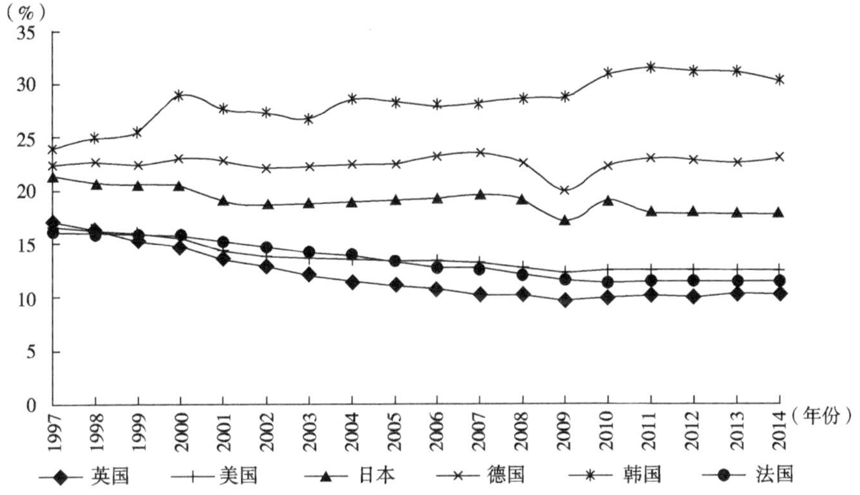

图 5-2 1997—2014 年主要发达国家制造业增加值占 GDP 比重

数据来源：根据世界发展指数数据整理。

二、主要发达国家实体经济发展现状及原因分析

(一) 美国：收入分配差距扩大困扰美国实体经济持续发展

美国实体经济在 20 世纪 50 年代和 60 年代蓬勃发展，进入 70 年代有开始下行的趋势，80 年代中期又开始迈入良好的发展之路。然而好景不长，伴随着 2001 年互联网经济泡沫的破灭，美国实体经济又开始陷入泥潭，直至 2008 年金融危机的发生。不少学者将近十几年来美国实体经济的下行归结于外部因素，如新兴国家大量承接美国的产业转移、日本和德国产业竞争力的增强以及美国巨额的经常账户逆差和迅速上升的净对外债务等原因。但实质上美国实体经济低迷的根本原因，在于美国有效需求不足，具体表现为收入分配差距的持续扩大。

不同于日本、中国等国家依靠出口和投资拉动经济，美国是一个靠消费驱动的国家，其有效需求主要来自消费。图 5-3 报告了美国不同支出占 GDP 的比例。结果发现，美国的最终消费支出占 GDP 的比例一直维持在70% 以上，甚至在很多年份超过80%，相比之下，出口和投资对美国经济的拉动就要小很多。更为重要的是，美国的最终消费支出主要是由居民消费支出构成，政府消费支出在其中只占最终消费支出的1/4左右，美国居民的消费需求是美国有效需求的重要组成部分。消费支出的波动对美国经济影响甚大，如果美国强劲的消费受到抑制，则其实体经济的发展将面临较大打击。

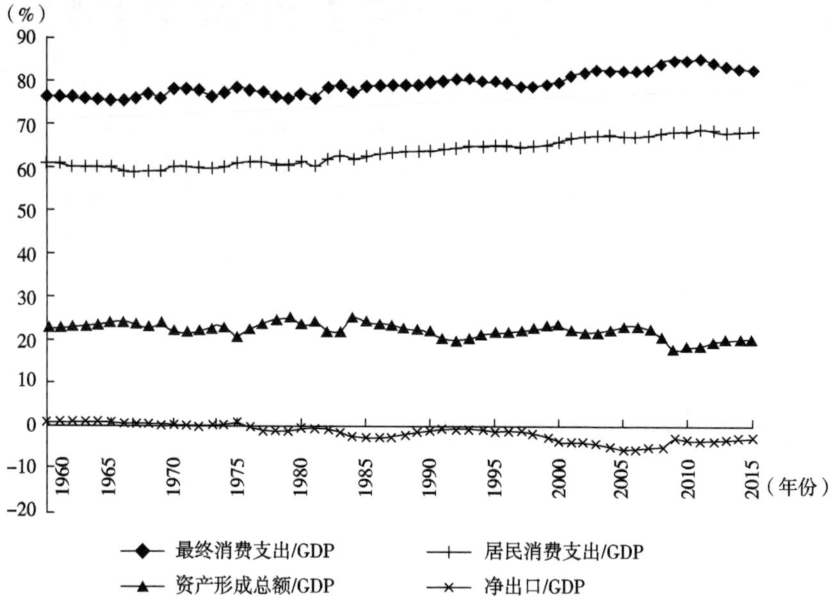

图5-3　1960—2015年美国不同支出占GDP比例

数据来源：世界银行发展指数数据库（WDI）。

但在近几十年里，美国收入分配差距有持续扩大的趋势，这抑制了美国的居民消费，导致美国有效需求不足，美国实体经济的市场拓展面临瓶颈。表5-2表明美国基尼系数从1986年的37.73%扩大到2013年的41.06%，在2007年甚至高达41.75%。表5-3报告了美国按五等份划分的不同收入阶层收入份额的变化趋势。结果发现，从1986年到2013年，美国收入最低的20%、第二个20%、第三个20%和第四个20%阶层的收入份额都有不同程度下降，而最高的20%和最高10%阶层的收入都有很大程度的上升，分别从1986年的43.26%和26.86%上升到2013年的46.44%和30.19%。可以看出，近30年里，美国除了高收入阶层的收入份额上升以外，其他收入较低阶层都有不同程度的下降。而高收入阶层平均消费倾向远低于中低收入阶层（见表5－4），在这种情况下，美国最近30年出现的收入分配差距扩大将会导致美国国内居民消费下降，进而导致美国有效需求不足，抑制实体经济增长。因此，美国实体经济发展持续陷入困境，美国政府试图通过宏观调控加以扭转，也只能弥补一时的有效需求不足。如果制约美国实体经济发展的根本问题，即收入分配差距扩大问题不解决，美国实体经济仍很难走入正轨。

表5－2　1986—2013年美国基尼系数（%）

年份	1986	1991	1994	1997	2000	2004	2007	2010	2013
基尼系数	37.73	38.36	40.35	40.86	40.46	40.62	41.75	40.46	41.06

数据来源：世界银行发展指数数据库（WDI）。

表5－3　1986—2013年美国按五等份划分的不同收入阶层收入份额的变化趋势（%）

年份	最低20%	第二个20%	第三个20%	第四个20%	第五个20%	最高的10%
1986	5.4	11.23	16.46	23.65	43.26	26.86
1991	5.4	11.02	16.34	23.33	43.91	27.64
1994	5.21	10.6	15.73	22.66	45.8	29.73
1997	5.25	10.49	15.5	22.38	46.39	30.54
2000	5.37	10.64	15.59	22.31	46.09	30.43
2004	5.15	10.66	15.68	22.52	46.01	30.23
2007	4.67	10.48	15.56	22.55	46.73	30.73
2010	5.09	10.49	15.7	22.96	45.75	29.43
2013	5.1	10.29	15.44	22.71	46.44	30.19

数据来源：世界银行发展指数数据库（WDI）。

表5－4　2003—2011年美国不同收入群体的平均消费倾向①

年收入水平（美元）	2003年	2004年	2005年	2006年	2007年	2008年	2009年	2010年	2011年
5000～9999	2.036	1.871	2.04	2.089	2.045	2.328	2.209	2.209	2.561
10000～14999	1.599	1.541	1.536	1.632	1.615	1.61	1.705	1.554	1.559
15000～19999	1.359	1.317	1.329	1.403	1.391	1.431	1.339	1.408	1.382
20000～29999	1.252	1.142	1.152	1.174	1.202	1.198	1.172	1.153	1.209
30000～39999	1.047	0.973	1.007	1.035	1.012	1.021	1.043	1.024	1.058
40000～49999	0.928	0.874	0.925	0.908	0.942	0.908	0.9	0.913	0.12
50000～69999	0.882	0.836	0.86	0.873	0.872	0.861	0.849	0.823	0.862
70000～79999	0.8	0.762	0.802	0.795	0.804	0.804	0.802	0.783	0.795
80000～99999	0.784	0.771	0.766	0.772	0.79	0.777	0.755	0.726	0.757
100000～119999	0.742	0.725	0.752	0.754	0.752	0.739	0.727	0.716	0.728
120000～149999	0.711	0.702	0.71	0.702	0.725	0.72	0.675	0.703	0.683
150000及以上	0.562	0.541	0.583	0.548	0.566	0.559	0.538	0.53	0.53

（二）日本：后发追赶中的制度落后制约实体经济创新发展

二战后，日本实体经济开始重建，经过40多年的高速增长，日本实体经济发展取得了非凡的成就，很多产业已达到世界顶尖水平。如在电子产品领域，日本的录像机、激光唱片、电视机、传真机、数码表、摄像机、计算机游戏等制造技术曾一度形成了具有冲击力的竞争态势。然而从日本货币被迫升值，到日本经济泡沫破灭，日本实体经济陷入了长期的低迷。大多数学者将泡沫破灭后的实体经济萎靡归结为石油价格上涨、美国贸易打压等外部因素。但这些外部因素仅仅加剧了日本实体经济的萎靡，日本实体经济下行的主要原因仍在于自身，特别是在于经济发展阶段发生转变后，日本的政治经济体制却没有进行相应变化，还不能有效适应日本的产业在“并跑领跑”中创新发展。

① 高帆．美国经济的内部失衡，修复机制及次贷危机再解释［J］．学术月刊，2013（12）：010.

日本在后发追赶阶段，其政治经济体制为产业政策的实施创造了良好条件，发挥了集中本国有限资源优先发展钢铁等基础性产业和汽车等高附加值产业的作用。但在日本大多数行业进入世界领先水平后，这些后发追赶中的制度残留抑制了日本实体经济的发展，阻挠了企业的技术创新和优胜劣汰。直到21世纪，日本的经济体系还残留着限制过多和创新不足等追赶发达国家过程中残留的负面遗产，这对于日本实体经济发展，特别是产业结构升级，已经构成了制度性障碍。这些制度残留对日本在“并跑领跑”中的阻碍具体体现为：首先，官僚体制下的“官民一体”抑制了日本企业的创新意识。在这一体制下，政府职能部门利用手中的权力，采用各种方式，谋求各种利益，增加了企业的寻租成本。此外，日本依然保留着牢固的政府、官僚、财团之间的“铁三角”关系。这种体制虽说增强了发展的稳定性和协调性，却也助长了一些企业的依赖意识，阻挠了企业挑战风险的主动性及政治与行政改革。更为重要的是，日本政府体制的附属性是投资性增长，形成了一种“公共投资依赖症”，抑制了企业主导的技术创新。其次，日本对内政策的垄断性抑制了企业竞争。日本政府在很长一段时期内拥有对经济的直接控制权，如分配进口外汇配额权和限制出口数量权等，从严格意义上讲具有强烈的政府管制色彩。伴随着日本市场的逐步开放，尽管企业的自主权逐渐得到认可，但日本政府并不心甘情愿丧失曾经的控制权，依然采用政府规制等方式尽可能保留对经济的间接干预。最后，企业体制的封闭性抑制了失败企业从市场有效退出。日本企业集团成员之间的相互持股、金字塔型的系列承包制（内部交易）以及企业内部的终身雇佣制（内部劳动力市场），造成了信息披露原则、破产法律以及促进市场竞争的措施难以落实。

（三）德国：重视实体，鼓励竞争和创新，为实体经济健康发展营造了良好的环境

近十几年来，德国实体经济占GDP比重一直处于高位，远高于同期的美国和日本，并且在这些年里下降趋势不太明显。作为实体经济的重要组成部分，德国的工业享誉全球，不仅工业部门齐全，生产加工链完整，且掌握和拥有高精的技术水平及雄厚的研发能力，其强大的工业竞争力是实体经济健康发展的根本动力和根基。正是因为有着强大的实体经济作为支

撑，德国成为国际金融危机后复苏最快的发达国家。2009 年德国国内生产总值下降 4.7%，这是自 1949 年联邦德国成立以来经历的最严重的经济衰退。然而，自 2010 年 2 月起，德国经济开始强劲反弹，2010 年德国经济增长 3.6%，是 17 年来的最高速度。德国实体经济之所以能长期保持健康的发展势头主要有三个方面的原因：

（1）德国重视实体经济特别是制造业的发展。西方发达国家进入服务业主导的后工业社会以后，金融等现代服务业在经济发展中占据十分重要的地位，高度重视资本市场，重点促进金融等行业的发展，而忽视了制造业的发展。尽管德国经济也一直在转型，产业结构一直在调整，但德国在过去几十年里一直紧盯实体经济，以促进实体经济发展为主要目标。

（2）德国营造了鼓励竞争和创新的发展环境。德国政府长期坚定不移地实施“限大促小”的市场政策，大力鼓励和促进中小企业的快速发展，同时对大集团企业进行限制和约束，以避免市场垄断和垄断竞争。在这样的政策环境下，中小企业逐渐成为德国重要的经济支柱，这也导致德国的市场竞争充分而激烈，从而使得德国企业家深刻认识到，通过大规模生产，简单加工，长期以低价格作为竞争手段等方式是不可持续的，只有以重质量、讲诚信、拼服务等非价格竞争力作为主要竞争手段的企业才可能保持经济不断发展壮大和长久生存，科技创新就是企业竞争和生存的“命门”。正是这种压力和动力迫使德国企业在研发方面不惜投入，始终保持旺盛的科技创新热情，不断推动企业创新发展。

（3）德国政府不过度干预经济。在微观干预上，德国政府一般仅在市场失灵时发挥政府作用。例如，在促进本国企业科技创新方面，德国政府就仅仅发力解决市场进入障碍、竞争者模仿、消费者搭便车、次优创新倾向等市场失灵问题。在宏观干预上，德国政府会通过各种经济立法和经济政策等干预措施，来防止市场自由竞争可能引起的垄断、贫富分化和经济社会的无政府状态，以便达到经济的持续均衡发展、币值稳定、充分就业和国际收支平衡，实现大众的福利。但德国政府不会过度使用和依赖宽松货币和财政政策，与日本一样，德国也签订了“广场协定”，1985 年至 1988 年德国本币升值也高达 70.4%，但德国却没有出现泡沫，这是因为政府及时收紧了宽松政策。

三、实体经济与经济虚拟化的关系

一些发达国家在过去几十年里都经历了不同程度的经济虚拟化，特别是美国和日本，过度经济虚拟化甚至带来虚拟经济泡沫破灭，最终引发本国经济出现危机。大多数学者将这些国家的经济虚拟化归结为虚拟经济过度繁荣，与实体经济发展不平衡或不匹配。实质上，这些国家实体经济的低迷才是经济虚拟化的主要原因。

美国经济过度虚拟化导致的2008—2009年经济金融危机归根结底是美国实体经济持续低迷的集中体现。有研究表明，虽然由次贷泡沫破裂引发的危机表现为一场金融危机，但是这场危机的爆发是从实体经济利润率下降开始的。实体经济利润率在2006年下降，早于危机的爆发。而近30年来利润率的基本停滞促使美国通过金融化拉动经济增长，资本向金融领域的转移进一步削弱了实体经济的盈利水平，降低了美国经济创造新价值的能力，同时加剧了金融不稳定性，成为危机爆发的根源。具体而言，实体经济不振会通过三种方式引致经济虚拟化。一是实体经济投资回报率的持续下降推动资本向虚拟经济涌入，导致虚拟经济的过度繁荣。进入工业化后期后，美国实体经济增长的主要动力来源于产业的创新能力。但在2001年美国网络经济泡沫破灭后，美国的产业创新无法找到突破口，新的经济增长驱动力无法形成。当实体经济投资回报率吸引力不再时，华尔街的金融投资家以及私人资本开始寻找新的投资目标。此时高收益低风险的房地产成为投资者的追逐目标，虚拟经济活动逐渐繁荣。二是为了促进实体经济发展，改变实体经济持续低迷的现状，美国政府通过宽松的货币政策，不断降低利率和增加经济的流动性，这给虚拟经济的虚假繁荣创造了良好的政策环境。三是无法从实体经济中找寻经济增长驱动力，导致在任的美国政府为促进本国经济增长和就业，开始放松金融监管，意图通过房地产和金融行业的快速增长带动国民经济增长。

战后，日本经历几十年的高速经济增长，但在20世纪80年代，日本经济开始滑入经济虚拟化的泥潭，直至20世纪80年代末期到90年代初，日本经济泡沫破灭。日本经济虚拟化也是因为实体经济出现了问题。如前所述，在20世纪80年代后期，日本由于制度残留等原因导致技术创新不足，随着后发优势不断减弱，产业结构升级动力不足。在这一背景下，“广场协定”后的日元升值进一步削弱了日本出口产品的竞争力，导致日本外需萎缩。此时，日本实体经济面临的根本性问题是产业结构升级迟缓，以及由此引发的外需不足，表现为日元升值，日本产品的成本和价格提高，导致在海外市场的竞争力下降。为应对经济增长乏力，日本政府提出了内需主导经济增长的政策，开始放松国内的金融管制，并放松了对财政的控制，以期通过扩大内需推动经济增长，并以此减少日元升值带来的负面影响。在日本实体经济部门新的投资机会稀缺，产业结构升级步履维艰的条件下，日本迅速增大的货币供应无法被产业吸收，造成大量资金流向了股市和房地产，引起了股价和地价的巨大泡沫。换言之，日本实体经济部门新投资机会稀缺、经济转型步履维艰是泡沫形成的基础因素。

从美国和日本虚拟经济泡沫的形成过程来看，经济虚拟化的直接原因是宽松的财政和货币政策以及对金融监管的放松，这似乎与实体经济没有太大关系。但透过这些经济现象可以发现，美国和日本实施宽松的经济政策或者是为了扩大国内总需求，或者是为了增加流动性促进资金服务实体经济，或者是为了通过短时间的虚拟经济增长拉动缓解实体经济低迷带来的经济增长下行压力。从政府出台这些政策的初衷来看，这些政策是美国和日本政府应对实体经济低迷的重要举措。只是这些政策虽然出发点是改善实体经济发展所面临的问题，但事与愿违，由于实体经济投资机会缺乏，大量资金进入股市、房地产等虚拟经济，虚拟经济逐渐膨胀，导致经济过度虚拟化，最后引起经济泡沫破灭。美国和日本宽松的经济金融政策依然无法改善实体经济，主要是因为美国和日本实体经济的主要矛盾和问题没有得到有效解决，导致实体经济经营环境恶劣、投资回报率低下，一味增加经济流动性为实体经济造血，在投资资金趋利避害的市场规律下，资金也不会进入实体经济，只会在金融、房地产等行业空转，加剧经济虚拟化。

四、发达国家壮大制造业的政府角色

近十几年来，世界主要发达国家实体经济占比不断下降，发达国家经济受到严重打击。金融危机后，这些发达国家开始认识到振兴实体经济，特别是壮大制造业对于一国经济发展的重要性，纷纷采取一系列措施重塑本国制造业。研判发达国家壮大制造业的政策举措，其政府角色定位主要包括以下几个方面：

（一）鼓励制造业回流，促进出口与贸易保护并举

国际金融危机后，美国将鼓励制造业回流作为重振本国制造业的重要战略举措。2010年1月，奥巴马在《国情咨文》中提出，工作岗位转移到美以外地区的企业将被取消税收优惠，这些优惠将提供给为美国人创造就业岗位的公司。同年8月，美出台《制造业促进法案》，降低部分进口商品关税，以减少需要进口零部件的企业的成本。2012年2月—2013年3月，奥巴马政府再次推出企业税改革方案，重点对创造本国就业的美国本土制造商加大减税幅度，鼓励在美国本土的投资，减少甚至终止对海外投资企业的税收优惠。此外，奥巴马还在第二任期之初召集14家大型企业负责人在白宫举行主题为“内包美国就业机会”的圆桌会议，敦促企业将更多海外岗位带回美国本土，以推动经济增长和降低失业率。

在鼓励制造业回流的基础上，美国还在促进出口和贸易保护方面采取了一系列措施。在促进出口方面，奥巴马提出5年内使美国货物出口量翻一番的“出口倍增”计划。按照奥巴马提出的出口目标，美国颁布了“国家出口启动令”，设立由国务卿、财政部长、商务部长和农业部长等15人组成的“出口促进内阁”。同时美国政府各部门各司其职，分别根据授权和各自的职责来服务促进出口战略。在贸易保护方面，一是创建“贸易执法单位”（Trade Enforcement Unit），负责对包括中国在内的竞争对手开展贸易调查，以保护和提升国内制造业的出口竞争力。二是签署了《1930年关税法》修正案，赋予美国商务部对来自“非市场经济”国家的出口产品进行反补贴调查和征收反补贴税的法律授权。

（二）强化对制造业的投入和支持

世界主要发达国家对制造业的投入和支持主要侧重于结构性支持和研发投入支持两个方面。结构性支持主要是指这些国家偏重于加大对高端产业和新兴产业等战略产业的投入和支持力度。如日本把高端装备、电子信息、生物医药设定为战略领域，并调动财政、科研及制度变革等政策手

段，重点促进这些领域的研发、投资以及产业化，以应对当下的能源制约、老龄化、防灾等的社会需求，同时在国内形成新产业、新市场，提供能满足日益变化的社会需求的高附加值产品。国际金融危机后，美国为加快制造业转型升级，2013 年，政府出资 10 亿美元作为启动资金，成立 15 个由制造业企业、高校和联邦政府组成的制造业“产、学、研”中心，加强对新材料、高端信息科技、新能源、生物科技、机器人以及智能高效生产流程等领域的研发和技术应用。

大多数发达国家都在研发投入方面加大了支持力度。德国为制造业技术创新创造了很好的制度框架，并通过知识产权制度及技术标准为企业创新提供激励。美国国会公布的《2009 年美国恢复和再投资法案》增加了 133 亿美元科技投入，其中研究和开发 99 亿美元，研究和开发设施设备 34 亿美元。日本对技术研发的支持则主要采取三种方式：一是用减税手段来促进企业研究开发，这不仅能够保证国家资源确实被投入到研究开发中，而且还可以节省国家行政管理成本。二是在高附加值制造技术领域设立国家项目进行技术攻关。例如，在 3D 打印领域，日本陆续启动和规划了 3D 打印机研究开发国家项目、超精密 3D 造型系统技术开发项目和以 3D 造型技术为核心的产品制造革命项目等。三是在基础共性技术开发方面，日本近年致力于构建技术开发与应用平台以促进新技术的普及，如集中日本国内 300 家以上企业的技术，开发出了世界最先进的 X 线自由电子激光装置。

（三）加大对中小企业的扶持

中小企业极具发展活力，对市场应变能力较强，是制造业的中坚力量，是推动制造业转型升级的主要载体。德国是把发展中小企业提升到国家战略高度的代表性国家。为保证中小企业获得充足的市场空间，德国政府长期以来采取了“限大促小”的政策，禁止大企业的合并和对中小企业的兼并，或利用自己的垄断地位，采取压价或提价等不正当手段打击限制中小企业。

金融危机以后，美国也颁布一系列措施推动中小企业发展。为了推动中小企业增加 R&D 投入，P. L. 102 - 564 法案批准设立了中小企业发展研究计划（SBIR）和中小企业技术推广计划（SBTT）。法案要求每个有研究开发预算的联邦政府部门都要留出 2.5% ~3% 的 R&D 经费，用于中小企业的研究开发与技术推广项目。为便利小企业融资，奥巴马政府还要求小企业管理局加强对中小企业的服务职能，并敦促银行为那些有可能增加就业机会的小企业提供更多贷款，并且还专门划拨款项解决小企业贷款难问题，协助小企业渡过信贷紧缩难关。无独有偶，日本对中小企业的支持则主要表现在研发上，如日本颁布“中小企业基础技术强化税制”，对于中小企业的研究开发费用，设定了减免其相当于费用 12% 的法人税的规定，最高减税额为当期法人税的 30%。

（四）加强基础设施投资，优化制造业发展环境

发达国家政府还在优化制造业发展环境，降低制造企业外部成本上发力，加强基础设施投资力度，支持和保障基础设施建设，包括修建铁路、桥梁、航空、公共交通系统，投资建设清洁城市，构建高铁网，发展新一代航空管理系统，研发下一代信息通信技术等。

五、对我国实体经济发展的启示

（一）实体经济发展不畅与虚拟经济有关，更在于实体经济本身

近年来我国实体经济发展出现了一些困难，部分实体企业发展困难，而与此同时我国经济出现了“脱实向虚”的迹象。很多人认为实体经济发展困难是由虚拟经济对实体经济的挤压造成的。这种观念具有片面性，虚拟经济的过度膨胀的确会抑制实体经济的发展，会增加实体企业的用工成本、融资成本等，但实体经济发展陷入困局的主要原因不在虚拟经济的膨胀对实体经济的挤压，而在实体经济本身。当实体经济自身发展出现困难，实体经济投资风险较大，而金融业、房地产等虚拟经济行业的稳定发展关系到国家全局经济稳定，就会出现“大而不倒”的国家隐形兜底的现象，虚拟经济行业的短期风险较实体经济行业低，高收益低风险导致资金向虚拟经济聚集。而国家采取宽松经济政策意图促进虚拟经济服务实体经济、向实体经济注入资金的做法，则由于实体经济本身的问题，导致资金无法有效进入实体经济，而是在金融业、房地产

等虚拟经济领域空转，推动了虚拟经济的虚假繁荣。而虚拟经济的过度膨胀又开始挤压实体经济发展，最后形成一种恶性循环。因此，不能简单地将实体经济的发展困难归因于虚拟经济，鼓励发展实体经济并不是要打压金融和房地产等虚拟经济的发展。相反，还需要通过加强金融监管、金融改革和适时货币政策来促进虚拟经济稳定健康发展，以更好地为实体经济服务。

（二）应对实体经济发展困局，当务之急是要解决制约实体经济发展的根本问题

从历史来看，面对实体经济下行压力，大多数发达国家都会在短期内出台一定的扩张型财政政策和货币政策，有些国家在一定时间内及时收紧了政策，而有些国家在很长一段时间都陷入低利率时期，经济虚拟化进一步加深。应对实体经济的发展困局，短期可以通过扩张型经济政策为实体经济脱困留足空间，但长期必须找准并解决制约实体经济发展的根本问题，才能改善实体经济的发展困局。需求侧的宽松经济政策能在短期内给实体经济脱困留足空间，但实体经济的发展困局在长期内依然不能得到解决，会陷入对宽松经济政策的依赖，而持续的货币扩张和金融监管放松等政策不仅无法促进虚拟经济服务实体经济，反而会带来严重的经济泡沫，导致危机的集中爆发，进一步抑制实体经济发展。因此，未来一段时间我国必须从深化供给侧结构性改革入手，找准并着力解决制约实体经济发展的根本问题，大力振兴我国实体经济。

（三）经济发展阶段发生转变，实体经济发展方式也要相应发生变化，要求实体经济发展的制度和环境也要随之改变

一国从后发追赶向并跑领跑转变，其经济发展阶段发生转折性的变化，实体经济的发展方式也相应发生改变。在后发追赶阶段，一国可以发挥后发优势，通过技术模仿快速做大工业，这一阶段的发展方式主要是要素驱动的规模扩张。在这一阶段依靠政府发挥重要作用的日本式产业政策能够快速推动国内生产要素集聚，优先发展高附加值的产业，推动产业快速发展。但进入工业化中后期，向并跑领跑转变过程中，一国的后发优势减弱，与发达国家之间的技术差距缩小，则需要通过技术创新推动本国工

业发展，这一阶段的发展方式主要是创新驱动的提质增效，发挥企业的主导作用，减少政府对经济的管制和干预。改革开放以来，我国实体经济发展取得了显著成效，当前我国已进入新的发展阶段，主导产业从重化工业转变为高新技术产业和服务业，以往促进我国实体经济发展的制度和环境不再适应新时期实体经济的发展，因此需要深化改革，坚决摒弃当前制约实体经济发展的制度残留，积极改善制度环境促进实体经济发展。

（四）推动实体经济持续健康发展，关键是要在供需两侧建立促进实体经济增长的长效机制

在需求侧，关键是避免有效需求不足，保证国内需求与实体经济长期发展相适应，这就要求国内需求要在实体经济发展中内生增长，而不是靠短期的货币政策和财政政策来扩大总需求。要做到这一点，关键是国民经济增长带来的财富能够稳定地以适当比例用于消费，这就要求必须改善分配机制，处理好公平和效率的关系，发挥政府在再分配上的作用，缩小贫富差距，培育和壮大中等收入群体，努力形成橄榄型分配格局。在供给侧，关键是要提高实体企业的竞争力，创造有利于机会平等、鼓励竞争和创新的制度环境。一是要为实体经济企业创造机会平等的环境。一方面推动实体经济和虚拟经济机会均等，加强对金融业的监管，并通过改革破除国家出于“太大而不能倒”而给予金融企业的隐形支持，另一方面要打破实体经济中的行业壁垒和垄断，给予实体经济企业特别是中小企业平等的参与机会。二是要促进实体经济企业有效竞争，要创造一个公平竞争环境，通过市场机制优胜劣汰，特别是要让被市场淘汰的企业破产倒闭，破除地方政府对这些企业的输血，促进新经济发展和新动能释放。三是要创造有利于创新的制度环境，要通过知识产权保护、产品标准制定、环保底线监管等方式为创新保驾护航，并通过制度松绑和放开准入，吸引创新创业人才进入具有市场前景的新兴领域。四是减少政府在经济层面上对企业的干预，这不仅包括避免实体经济发展过度依赖扩张型的经济政策，还包括减少微观上的各种对企业的补贴、规制等。政府应致力于健全社会保障、减少贫富差距、稳定币值等职能，为实体经济创造稳定的发展环境。

（**执笔人：**任继球）

参考文献

[1]陈继勇,盛杨怿,周琪．解读美国金融危机:基于实体经济的视角[J]．经济评论,2009 (2):73 - 78.

[2]陈凌岚,陈永志．美国金融危机的成因及启示:基于虚拟经济与实体经济匹配的视角[J]．学海,2010(6):69 - 72.

[3]高帆．美国经济的内部失衡,修复机制及次贷危机再解释[J]．学术月刊,2013(12):10.

[4]何玉长,张沁悦．实体与虚拟:二元经济之中美比较[J]．深圳大学学报(人文社会科学版),2014 (3):92 - 98.

[5]刘湘丽．日本促进制造业发展的动因,措施及启示[J]．中国经贸导刊,2015 (3):10 - 12.

[6]刘志琳．美国重振制造业的战略思路[J]．北方经贸,2013 (12):34 - 35.

[7]罗能生,罗富政．改革开放以来我国实体经济演变趋势及其影响因素研究[J]．中国软科学,2012 (11):19 - 28.

[8]孟辰,卢季诺．对美国制造业振兴计划的初步分析[J]．国际贸易问题,2013 (4):73 - 82.

[9]全毅,夏雪姣．日本与德国应对“广场协议”的政策比较及启示[J]．福建论坛(人文社会科学版),2012 (9):19 - 26.

[10]沈尤佳,张雯．资本主义有经济计划吗?——本轮危机以后的理论与实践[J]．政治经济学评论,2015(3):143 - 162.

[11]王海燕,汪善荣．第二次世界大战后德国经济转型的经验与借鉴意义[J]．经济研究参考,2016 (49):35 - 41.

[12]王明姬．对日本经济泡沫的再反思[J]．宏观经济管理,2009 (4):70 - 72.

[13]王楠．日本经济泡沫产生的背景及对我国的启示[J]．宏观经济管理,2007 (7):73 - 74.

[14]吴彤,李建庄．对美国制造业重振雄风的政策认知过程的系统透

视[J]. 清华大学学报(哲学社会科学版),2003,18(2):55-64.

[15]谢富胜,李安. 美国实体经济的利润率动态:1975—2008[J]. 中国人民大学学报,2011,25(2):81-91.

[16]徐平. 日本的经济赶超为什么会突然"逆转"? [J]. 国际经济评论,2013 (6):79-90.

[17]杨晓龙,李碧芳,刘戒骄. 美国加强制造业的策略选择及启示[J]. 当代经济研究,2012 (6):21-26.

[18]杨长湧. 美国重振制造业战略对我国可能的影响及我国的对策研究[J]. 国际贸易,2011 (2):26-34.

[19]余翔. 美国制造业振兴战略的成效及前景[J]. 现代国际关系,2014 (4):16-23.

[20]张寒,娄峰. 德国经济从金融危机中快速复苏原因及启示[J]. 现代经济探讨,2015 (5):79-82.

[21]张强. 美国制造业重振与中国的应对策略[J]. 湖北经济学院学报,2014,12(2):48-53.

[22]赵蓓文. 欧美"再工业化"战略对国际资本流动的影响[J]. 国际关系研究,2013(2):115-125.

[23]庄芮. 美国重振制造业:动因,成效及其影响[J]. 现代国际关系,2013 (8):15-20.

第六章　金融支持实体经济对策研究

内容提要　近年来，金融与实体经济出现了严重割裂，造成实体经济资金严重不足，实体经济“失血”、“抽血”现象日益突显。本文就金融与实体经济之间的关系、存在的问题进行了分析，在此基础上，从加强制度建设与监管、创新和改进金融服务、加快金融体系改革和健全金融宏观管理制度等方面提出对策措施，更好地发挥金融对实体经济的促进作用。

近年来，金融与实体经济出现了严重割裂，造成实体经济资金严重不足，实体经济“失血”、“抽血”现象日益突显，对实体经济产生“挤出效应”。需要采取有效措施，创新和改进金融服务，真正发挥金融对实体经济的促进作用。

一、现状与问题

相关数据表明，我国工业平均利润率仅在6%左右，而证券行业、银行业平均利润率都在30%左右，导致了许多实体企业纷纷转向虚拟领域进行资本运作，甚至有些民间资本不惜冒险从事市场炒作。虚拟经济的无序发展扩大了货币乘数效应，加速了货币流通速度，造成虚拟经济中资本流动性过剩而实体经济中资本流动性不足。据测算，2000年我国虚拟和实体经济投资之比为0.9:1，2008年达到3.5:1，2010年高达9.8:1，近年这一比例更高。社会资本大量脱离实体经济流向虚拟领域，叠加我国金融市场发展的滞后性，缺乏有效股权融资渠道，企业主要向商业银行融资，导致非金融企业部门杠杆率快速上升。根据中国人民银行数据，2012年我国非金融类企业部门的杠杆率为106%，2016年进一步增至165%，这一数据远高于德国的49%、美国的72%、日本的99%。据中国社会科学院数据测算，2015 年我国全社会总债务占比已经超过 250%，非金融企业部门的杠杆率已经超过 140%。目前全国企业负债 100 多万亿元，按照 4% 的利率计算，一年支付的利息就是 4 万亿元，相当于 2015 年全年 GDP 增长总量。杠杆率过高已成为影响实体经济发展的主要问题之一，过高的杠杆率不但容易引发金融泡沫，更容易导致金融利润率虚高，吞噬实体经济资本，严重挤压实体经济发展的空间。而实体经济杠杆率高企增加了企业违约风险，商业银行不良贷款余额显著增加（见图 6－1），进而带动整体经济风险上行。近期，由于金融监管不力，金融保险机构通过高杠杆频繁进行“资本运作”，强行入股或者收购优质制造业企业，使得大量资金云集于货币市场或者通过在资本市场短期运作，谋取短期的盈利，从而弱化了对实体经济的资金投入。

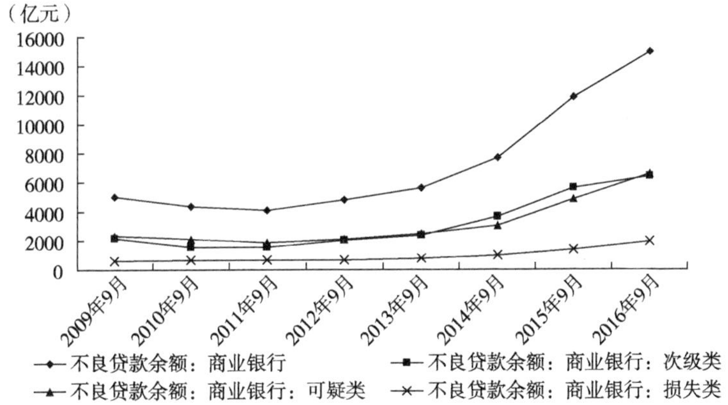

图 6－1　我国商业银行不良贷款余额变化情况

数据来源：原中国银监会。

可以看出，金融与实体经济出现了严重割裂，难以有效服务实体经济发展。一是金融体制改革滞后，金融体系与实体经济之间关系日益扭曲，导致金融服务实体经济融资渠道不畅，大量流动性在金融系统内空转，而实体经济融资成本却居高不下。二是支持实体经济发展的金融创新不够。我国现阶段金融机构套利业务和理财、信托等通道业务的创新由于过度强调逐利性，而脱离服务实体经济的根本要求，进而推高了实体企业融资成本。三是虚拟经济的融资服务能力不强，特别是直接融资远远弱于间接融资能力，难以满足我国实体经济发展需要。在金融业和金融市场发展过程中，流动性过快增长、杠杆率连续攀升、金融市场投机盛行、不良资产余额和不良率急剧增加、区域性或系统性金融风险不断累积等问题，也都影响了实体经济的发展。

二、加强制度建设与监管

加强金融监管，制定和完善相关法律法规，完善信息披露制度，提高金融交易的透明度，严格规范市场行为。一是要加快证券市场改革步伐，抓紧完善上市公司分红制度、信息披露制度、新股发行和退市制度等；加强股市监管，打击黑幕、投机行为，促进一级市场和二级市场协调健康发展。二是要规范金融市场行为，建立统一监管机构，对金融衍生品实行集中监管；进一步完善金融监管体系，加强对互联网金融等新兴金融领域的监控，彻底整顿理财产品市场，打击各种非法金融活动，对于民间高利贷所得征收高额资本利得税。建立健全规章制度，对投机性行业的过高回报采取征收高税收等手段进行调节。切实加强对投资品市场交易的监测和监管，坚决打击过度炒作行为。严格市场准入制度，完善市场交易和清算制度，加强法规与监管体系建设，增强金融衍生品交易的透明度。

三、创新和改进金融服务

从目前实际情况看，金融并没有完全发挥为实体经济发展服务的作用，导致实体企业融资难、融资成本高的问题。上市公司只向股市圈钱，而不将资金投向实体产业；再如银行通过频繁向股市再融资，但将获得的资金大量投放给开发商、政府融资平台。因此，要加快金融结构调整和金融改革、创新金融服务，改变部分实体经济融资困难的状况。

一是要坚持推进金融市场化改革和法治化建设，推动金融领域简政放权、放管结合、优化服务，加快信用体系、担保体系、风险分担体系建设。要加快金融结构调整，构建多层次、多样化、服务能力更强、适用对象更广的多元化金融服务体系。积极推动金融业改革创新，全面清理金融自我服务业务，限制金融机构自营交易特别是衍生品交易，实现金融行业从自我循环向服务实体经济的转变，促使金融更好地服务于实体经济发展。加快推进普惠金融基础设施建设，积极引导互联网金融发展，创新普惠金融产品和服务手段，降低服务门槛，不断满足实体经济多元化的金融服务需求。

二是加快发展各种自担风险的区域性小型金融机构、社区金融服务组织、村镇银行等合规合法的金融主体，服务广大中小企业、创新型企业发展，健全金融市场机制，引导资金从低附加值、高风险领域向实体经济领域转移。在商业银行设立中小企业贷款机构，完善商业银行对中小企业金融服务工作考评机制。建立中小企业贷款风险补偿机制、中小企业信用担保风险补偿机制，引领股份制银行从事中小企业的信贷业务。加快发展中小金融机构。积极探索适合中小企业融资的担保方式。健全中小企业融资政策法规支持体系，有条件地承认企业间借贷的合法性。支持符合条件的商业银行发行专项用于小微型企业贷款的金融债，支持符合条件的中小型实体经济上市直接融资。建立专门的融资服务体系，为中小企业提供包括信息咨询、技术合作、管理培训、信贷服务以及为中小企业的创立与发展提供的一站式服务。

三是完善金融服务体系，加快发展直接融资服务的平台和通道，建设多层次资本市场，积极发展企业债券（公司债），推进股票注册制改革和市场扩容，加快基于股票、权证汇率、利率等标的的金融衍生工具创新，设计适应特定实体企业融资需求特点的金融服务新产品，拓展实体企业融资空间，提高融资便利性，化解实体经济被银行资金边缘化的困局。要加快发展多层次金融市场，建立健全涵盖风险投资、资本市场、银行信贷等方面的完整金融服务链条，使处于不同发展阶段的实体经济企业都能以合理的代价获得有效金融支持。

四是要探索完善金融、财政、税收、土地、科技、环保等政策协调运行的机制，形成合理的行业利润分布结构，为金融体系加大对有利于实现创新驱动、内生增长、持续发展的产业的支持创造良好的政策环境。大力发展债券市场、股票市场、商业票据市场和金融租赁市场，充分发挥资本市场服务实体经济的功能，引导资本流向那些发展前景较好的优质企业。要尽快取消“信贷规模管理”，赋予商业银行在合规框架下的市场化自主决策权，进一步增强信贷供给能力，优化信贷投向结构，更好地满足实体经济发展需要。

四、加快金融体系改革

重点推进利率、汇率市场化改革，让利率更准确地反映投资替代消费的机会，让汇率的变动更多地反映市场意愿，提高资本自由流动的程度。积极运用差别存款准备金率、再贷款、再贴现等货币政策工具，引导金融机构加大对实体经济的支持力度。完善配套政策和创新体制机制，调动商业银行增加信贷投放的积极性，形成银行、证券、保险等多方面扩大融资的合力，更好地发挥金融支持实体经济的作用。要加快建立金融体系促实体经济的考核评价机制，完善金融支持实体经济的资金保障制度。改革央行对各大商业银行的考核机制，改变以前用城乡居民储蓄存款额、贷款余额等纯经济指标来考察银行效益的机制，加快建立促实体经济发展成效、银行资金投向、实体经济效益与银行利润双增长的多指标考核机制。

五、健全金融宏观管理制度

在微观审慎管理的基础上，要加快构建金融宏观管理制度框架，不断增强对系统性金融风险的防范能力。加强对银行资本充足率、资产流动性和风险管理的监督，建立公众监督和舆论监督机制。重点关注系统重要性金融机构的经营管理情况和风险状况，督促其进一步完善公司治理、规范资金运用、加强信息披露，并通过附加资本要求、附加流动性要求等措施，强化对系统重要性金融机构的流动性和杠杆率管理，加强风险防范。合理划分中央与地方监管事权和风险处置责任，建立新型金融监管体制，及时处置辖区金融业突发事件，有效改善当地金融生态。要高度重视对国际资本流动的实时监控，密切注视国际投机机构新动向，大力提高对国际游资的监控能力以及对国内金融市场的监管能力，以防止国际投机资本的冲击和炒作。要完善问题机构的风险处置安排，包括事前应对机制、应急计划等。在有效控制风险的基础上，建立更加透明的宏观审慎评估体系，加强货币政策、信贷政策和产业政策的协调配合，科学评估金融机构服务实体经济的实际效果。

（**执笔人：**杨再平　杨威）

第七章　实体经济发展“稳中向好”，提质增效需完善长效机制

——广东实体经济发展调研报告

内容提要　广东作为我国改革开放的前沿和实体经济发展重镇，近年来在推动实体经济发展方面开展了很多有益的尝试，推动实体经济发展“稳中向好”，但仍存在大而不强、民营企业融资困难、生产成本较高、资本“脱实向虚”等一系列问题。建议加快建立“金融服务实体经济”、“房地产业发展”和“创新驱动实体经济转型”三个长效机制，进一步降低实体经济成本，大力引资引技引智，着力促进实体经济提质增效创新发展，不断拓展广东实体经济发展空间。

2017 年 9 月 23—26 日，产业所课题组一行赴广东省就实体经济问题进行调研。在广东省宏观经济研究院大力支持下，课题组采取典型地区剖析和全省宏观把握的方式，分别在佛山、顺德、广州等地召开座谈会，就有关地市以及广东全省实体经济发展状况和存在问题进行座谈，形成本调研报告。

一、广东实体经济发展取得的成效

广东是我国实体经济发展的排头兵，更是我国制造业大省，经济总量自 1989 年起已连续 28 年雄居全国第一，制造业和民营经济发达，产业集群化发展态势明显，“广东制造”享誉海内外。近年来，广东坚持以供给侧结构性改革为主线，以降低制造业成本为突破口，创新驱动实体经济转

型升级，不断优化实体经济结构，重塑实体经济竞争优势，助推实体经济发展“稳中向好”。

（一）实体经济持续中高速增长，发展速度稳中有进

近年来，无论是从实体经济①占 GDP 比重，还是从实体经济增加值增速来看，广东实体经济发展基本与全国保持同一趋势。图 7－1 和图 7－2 分别报告了广东与全国近 10 年来实体经济占 GDP 比重和增速的对比情况。结果发现，近 10 年来，广东与全国实体经济比重和增速趋势基本吻合，尽管在有些年份广东与全国实体经济比重和增速有一些出入，但两者大都保持在同一水平上，广东与全国一样也经历了实体经济占 GDP 比重不断下降的过程，分别从 2005 年的 90. 73% 和 91. 47% 下降到 2016 年的 84. 18% 和 84. 7% 。2012 年以后，广东也与全国一样保持 10% 以下的中高速增长。从短期来看，特别是进入 2017 年以来，广东工业增加值增速也与全国保持一致。2017 年 1—7 月，广东工业增加值同比增长 6. 9% ，略高于 2017 年前二季度全国工业增加值的 6. 5% 。

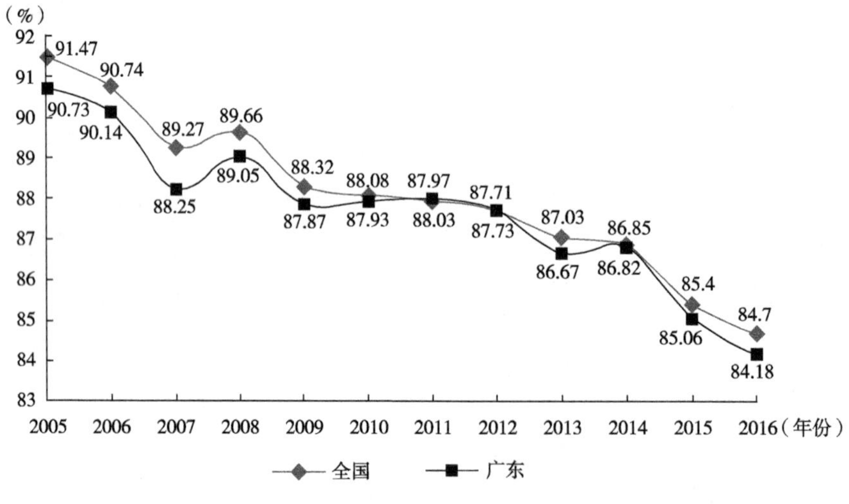

图 7－1　2005—2016 年全国与广东实体经济占 GDP 比重对比

数据来源：国家统计局、广东省统计局。

① 本调研报告的实体经济总量是指除去金融业及房地产业之后的各行业增加值。

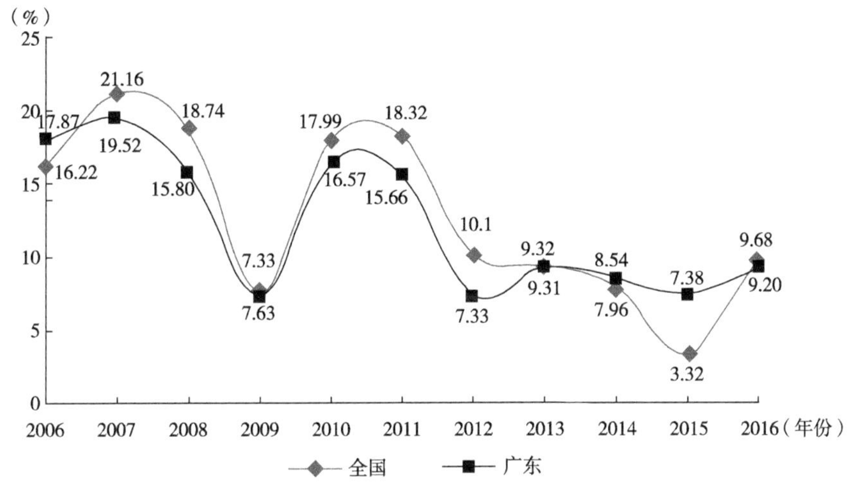

图 7-2　2006—2016 年全国与广东实体经济增速对比

数据来源：国家统计局、广东省统计局。

（二）新旧动能加快转换，实体经济结构不断优化

为加快新旧动能转换，广东大力推动先进制造业和优势传统产业实施新一轮技术改造，这大大带动了全省投资。2014 年以来，全省工业技术改造投资累计完成 8690.79 亿元，年均增长 36.8%，高于全国平均水平 24 个百分点，带动全省工业投资累计完成 29603.50 亿元，年均增长 15.6%，高于全国平均水平 7.8 个百分点。2017 年 1—7 月，全省完成工业投资 5813.34 亿元，同比增长 10.3%，高于全国 6.4 个百分点，其中工业技术改造投资 2453.02 亿元，同比增长 33.9%，高于全国平均水平 22.8 个百分点。广东加快新旧动能转换，推动了全省实体经济内部产业结构的不断优化。2017 年 1—7 月，全省规模以上先进制造业完成增加值 9869.16 亿元，同比增长 10.2%，占规模以上的比重超过一半，同期高技术制造业完成增加值 5186.78 亿元，同比增长 13.3%，占比超过 1/4，其中新兴产品产量快速增长，1—7 月全省集成电路产量增长 28.8%，全省工业机器人产量 12884 台，同比增长 22.2%。另外，广东大力淘汰过剩产能，2017 年 1—7 月，在全国相关过剩产业反弹增长的背景下，广东石油加工、炼焦和核燃料加工业及黑色金属冶炼和压延等传统产业产量仍在不断消减，增加

值仍保持负增长态势（见表7-1）。

表7-1 2017年1—7月广东和全国工业分行业增加值累计增速对比（%）

行业	全国	广东	行业	全国	广东
煤炭开采洗选	-1.2	3.6	文教、工美、体育和娱乐用品制造业	8.3	4.3
石油和天然气开采	-1.8	-3.4	石油加工、炼焦和核燃料加工业	2.2	-6.9
黑色金属矿采选	-2.7	-7.8	化学原料和化学制品制造业	4.0	4.3
有色金属矿采选	-4.2	-1.7	医药制造业	11.6	12.9
非金属矿采选	2.9	-4.9	化学纤维制造业	4.0	4.6
开采辅助活动	8.6	-30.2	橡胶和塑料制品	6.8	5.3
其他采矿业	12.4	8.1	非金属矿物质制品	5.2	9.5
农副食品加工业	7.1	7.9	黑色金属冶炼和压延	0.7	-9.2
食品制造业	8.7	1.7	有色金属冶炼和压延	2.0	0.1
酒饮料和精制茶	9.6	0.4	金属制品	7.9	5.2
烟草	2.0	-0.8	通用设备制造	11.2	14.0
纺织	4.5	5.5	专用设备制造	12.1	19.3
纺织服装服饰	6.6	1.0	汽车制造业	13.0	12.8
皮革毛皮羽毛和鞋	5.5	3.0	铁路、船舶、航空航天和其他运输设备	5.1	11.2
木材加工和木、竹、藤、棕、草制品	8.1	4.6	电气机械和器材制造业	10.0	10.4
家具制造	10.4	8.6	计算机、通信和其他电子设备	13.6	12.2
造纸和纸制品	5.7	12.2	仪器仪表制造业	12.5	12.2
印刷和记录媒介复制业	10.8	15.7	其他制造业	5.3	7.8

数据来源：国家统计局、广东省统计局。

（三）装备制造业发展较快，特色产业集群加快形成

近年来，广东装备制造业迎来了高速发展的黄金时期，珠江西岸的装备制造产业集群快速形成。广东珠江西岸规模以上装备制造业企业从2014年的3612家增加到2016年的4254家，产值超10亿元企业从176家增加到229家；规模以上工作母机类制造业企业从598家增加到755家，产值超10亿元企业从18家增加到34家，珠江西岸装备制造业增加值从2014年的2337.9亿元增长到2016年的2920.4亿元，年均增长12.5%，并培育形成了珠海海洋工程装备、佛山智能制造装备、中山光电装备等20个年产值超100亿元的产业集群。进入2017年，广东装备制造业发展继续保持强劲势头。1—7月，广东通用设备制造、专用设备制造和铁路、船舶、航空航天和其他运输设备增加值分别增长14.0%、19.3%和11.2%，远高于同期全国增长水平（见表7－1），其中，广东珠江西岸装备制造业实现增加值1778.43亿元，同比增长13.6%，珠江西岸工作母机类制造业实现增加值326.07亿元，同比增长23.3%。

（四）外资加快向广东集聚，对实体经济贡献不断加强

2017年1—6月，广东新批设立外商直接投资项目（企业）5320个，较上一年同期增长48.7%；实际利用外资767.8亿元，同比增长17.7%；新设立（含增资）的投资总额超过5000万美元的大项目达361个，同比增长45.6%；投资总额超过1亿美元的大项目达97个，同比增长36.6%；广州富士康10.5代显示器、美国通用电气亚洲生物科技园、华星光电11代液晶面板、中海壳牌化工、索尼电子等一批产业带动力强的大型优质先进制造业和战略新兴产业项目纷纷落户广东。广东实际外资规模居全国第二（仅次于江苏省），增速比同期全国水平高17.8个百分点，在东部沿海主要省市中增速最快。值得关注的是，近期外资主要流向实体经济，广东第二产业利用外资显著提升，实际利用外资达41.8亿美元，同比大幅增长19.4%，其中制造业实际利用外资总额达29.6亿美元，同比增长5.4%。据广东省商务厅测算，2017年上半年外商投资企业贡献了全省超过40%的地区生产总值和工业利税，50%左右的工业产值、进出口值和境外引进的先进技术，以及将近20%的就业岗位，对全省实体经济发展作用举足轻重。

二、主要做法与经验

广东把制造业作为发展实体经济的根本，大力推动制造业强省建设，加快建设珠江西岸先进制造业产业带，提升创新驱动发展能力，积累了宝贵的经验。

（一）高位推动，重视实体经济发展顶层设计

广东高度重视以制造业为主的实体经济发展，成立了以省政府主要领导为组长的“广东制造强省建设小组”，加强制造强省建设的领导，不断完善配套政策体系。近两年，先后出台实施了《广东省人民政府关于贯彻落实〈中国制造2025〉的实施意见》《广东省智能制造发展规划（2015—2025年）》《广东省先进制造业发展“十三五”规划》等规划和配套政策，明确了以智能制造为主攻方向、发展重点的产业领域和工作任务，推动各地制造业因地制宜、突出特色、区域联动、错位竞争发展。

（二）找准痛点，切实降低制造业成本

成本压力较大是广东制造业转型升级的痛点和难点。为深入贯彻落实中央关于着力振兴实体经济的决策部署和习近平总书记对广东作出的“四个坚持、三个支撑、两个走在前列”重要批示精神，进一步降低制造业企业成本，支持实体经济发展，建设制造强省，广东在全国率先制定了《广东省降低制造业企业成本支持实体经济发展的若干政策措施》，分别从降低企业税收负担、用地成本、社会保险成本、用电成本、运输成本、融资成本、制度性交易成本和支持工业企业盘活土地资源提高利用率、培育制造业新兴支柱产业、开展技术改造10个方面提出了针对性和操作性较强的降成本措施，并要求各部门、各地市在1个月内制定实施细则，有效降低实体企业成本。部分产业不断创新产业链协作共赢新模式，积极降低企业成本，如佛山传统陶瓷行业成立“众陶联”产业平台，实施“传统产业+互联网+金融资本”发展模式，建立企业供应链服务平台，通过“B2B+O2O”模式，实现了采购方和源头供应方的对接，极大地优化了陶瓷产业上下游协同效应，仅集中采购一项就可为成员企业降低成本

12.1%，增强了行业竞争力。

（三）创新驱动，不断增强实体经济内生增长能力

广东高度重视创新在推动制造业提质增效升级中的作用，通过推进全面创新改革试验、建设大科学装置和综合性科学中心、促进大众创业万众创新蓬勃发展、大力推动产业技术创新、培育发展战略性新兴产业等一系列举措，着力提高制造业创新发展水平，增强实体经济内生增长动能。在全面创新改革试验方面，广东在知识产权、科技成果转化等方面先行先试，提出了116项改革事项，目前有98项落地实施；在“双创”方面，深入实施科技企业孵化器倍增计划，引导孵化器和“双创”基地向专业化、国际化、链条化发展，2016年底全省科技企业孵化器达634家，国家级孵化器83家，总数跃居全国第一，成果转化平台建设提速，建成中国高校（华南）科技成果转移中心和广东（佛山）高校科技成果转化中心，筹建全国首个权威创新创业服务平台——南方双创汇，“双创”的生态环境加快培育和完善；在高技术企业培育方面，广东制定了《广东省高新技术企业培育工作实施细则》（粤科函高字〔2016〕1737号）加速高新技术企业培育认定，2016年全省新增高新技术企业8752家，总量达19857家，超过北京跃居全国第一，高新技术企业培育入库企业超1.1万家，储备了庞大的高技术企业后备队；在战略性新兴产业培育方面，2012年和2017年分别制定出台了《广东省战略性新兴产业发展“十二五”规划》和《广东省战略性新兴产业发展“十三五”规划》，努力打造全国战略性新兴产业策源地和创新发展先行省。

（四）区域联动，拓展实体经济发展空间

广东重视区域联动协调发展，拓展实体经济发展空间，在2008年就出台了以“腾笼换鸟”为主，促进产业向粤东西北转移的一系列举措。近年来，又不断创新区域联动的主要做法：一是坚持区域协调发展，抓基础设施，推动重点产业向粤东西北转移，建设了湛江钢铁、中科炼化等一批重大项目。二是聚焦制造业转型升级，重点打造珠江西岸先进装备制造产业带，大力发展智能装备、轨道交通装备、节能环保装备、海洋工程装备等先进制造业，努力实现从“生产产品”向“生产装备”转变。三是发

挥毗邻港澳的优势，谋划建设粤港澳大湾区，并成功上升为国家战略，将通过区域联动、要素对接和开放合作，在区域合作和开放发展中拓展实体经济转型升级发展新动能。

三、存在的主要问题

虽然从目前来看，广东制造业呈现总体向好的趋势，但发展过程中仍然存在大而不强、民营企业融资困难、生产成本较高、资本“脱实向虚”等一系列问题，这些问题不能得到有效解决，必将影响广东制造业健康发展。

（一）制造业整体大而不强

总体来看，广东制造业存在着大而不强、“低端锁定”的隐忧。近年来，广东制造业增速放缓，内部结构升级滞后，尚未转入依靠创新驱动的高级阶段。2017 年是广东工业转型升级攻坚三年计划的收官之年，制造业面临着从“广东加工”向“广东制造”转变、“广东制造”向“广东创造”转变的双重压力。同时，制造业企业规模偏小，2016 年广东 500 强制造业企业主要集中在营业收入 50 亿元以下，其中超过 80% 的企业规模偏小，只占整体不足 20% 的营业收入。

（二）民营经济融资仍困难重重

近年来，全球及国内经济不景气、国企以及地方政府融资平台融资导致的挤出效应、商业银行等金融机构出于风险规避以及合规动机导致的惜贷惜投等，民营企业融资难、融资贵，融资问题已成为制约民营企业发展的重要因素。民营经济是广东制造业的主体，在破解经济下行压力、推动经济稳步向好过程中起着重要的作用。但调研中发现，尽管广东出台了一系列破解民营企业融资问题的政策措施，民营经济融资仍困难重重。主要体现为融资渠道窄，融资门槛高。即使经营状况良好的民营企业也很难从银行获得贷款，多数民营企业融资选择民间借贷等其他方式。造成融资难的原因是多方面的，包括偏见、市场障碍、机制障碍、服务障碍、信用障碍等诸多因素。

（三）资本“脱实向虚”依然存在

近年来，受经济下行、实体经济投资回报率走低和房地产价格上涨过快等因素影响，实体经济和金融运行越来越不协调，资本“脱实向虚”态势比较明显。金融和房地产领域资本急剧膨胀，聚集了过多的发展资源，挤压了实体经济的发展空间。从目前广东制造业发展现状来看，资本“脱实向虚”的现象依然存在。主要表现为：一是房地产投资规模依然占据总投资的大部分比重。从广东顺德房地产投资情况看，2017 年 1—8 月占总投资 31% 左右。地方财政收入增长仍过于依赖房地产。2017 年 1—8 月，佛山市与房地产行业高度相关的契税、土地增值税、房产税以及城镇土地使用税，四项税收总量合计达到 114.12 亿元，占全市地方财政收入的 35.55%。二是房地产价格明降暗升，网上成交价格远远低于实际成交价格。三是实体企业介入银行、保险、信托、证券、基金等金融业的现象比较普遍。

（四）企业效益仍不乐观

2017 年上半年，广东工业经济回暖，规模以上企业效益出现好转，但总体来看，企业效益情况仍不乐观。2017 年上半年广东规模以上工业企业中发生亏损的为 7841 家，亏损面为 18.3%。成本过高仍是影响企业利润的重要因素。2017 年上半年，广东规模以上工业发生主营业务成本 54319.31 亿元，同比增长 13.6%。其中电气机械和器材制造业主营业务成本增长 18.3%，化学原料和化学制品制造业主营业务成本增长 13.7%，汽车制造业主营业务成本增长 19.3%。成本上升的原因主要受原材料价格上涨和用工成本攀升的影响。国际大宗商品价格和广东生产者购进价格指数高位运行，工业企业生产成本增长仍处于较高水平，使得企业利润增长难度加大。

（五）出口环境依然严峻

加工贸易在广东制造业中占据较大比重，在人民币贬值等大环境下，广东加工贸易企业依然面临诸多困难。2017 年上半年广东规模以上工业企业财务费用上升较快，主要原因在于部分企业外汇交易收益减少和汇兑损失增加的影响。2017 年上半年，广东规模以上工业企业发生财务费用 374.55 亿元，同比增长 19.0%。其中，大型企业发生财务费用 119.99 亿元，增长 54.1%。

四、对策建议

针对广东实体经济发展的痛点难点，要加快建设“金融服务实体经济”、“房地产业发展”和“创新驱动实体经济转型”三个长效机制，进一步降低实体经济成本，大力引资引技引智，着力促进实体经济提质增效创新发展，不断拓展广东实体经济发展空间。

（一）建立金融服务实体经济发展的长效机制

（1）畅通企业融资渠道。①畅通间接融资渠道。鼓励省内银行业金融机构开展知识产权质押融资业务，支持科技型中小微企业发展。积极发展小额贷款公司，为“双转移”园区、产业特色鲜明的工业园区、专业市场和大型企业上下游产业链的中小微企业提供配套的小额信贷服务。对重点产业的骨干企业重大项目，在符合银行信贷原则的前提下，商请金融机构采取银团贷款等方式予以支持。对依托核心企业形成上下游产业链的中小微企业，可通过产业链融资模式加大支持力度。对投资额巨大的引进项目，可由当地政府商请金融机构解决融资问题，对重点骨干企业全面实施“融资绿色通道”和“批量授信”，支持保险公司开展首台（套）重大技术装备保险业务。②拓宽中小企业直接融资渠道。大力推进中小企业改制上市，积极争取省内国家级高新技术园区开展非上市股份有限公司代办股份转让系统试点。积极发展和依法培育各类产权交易市场。引导一批资信良好、实力较强的中小企业进入债券市场，支持其发行中小企业集合债券、集合票据等多种形式的融资券。支持省各地级以上市开展区域集优债务融资试点工作。深化粤港澳金融合作，支持符合条件的中小企业在香港上市、发行人民币债券。加快推动全国中小企业股份转让系统（即新三板）华南服务平台落户珠海横琴。对新增上市公司、新三板挂牌企业分阶段予以扶持。争取国家相关部委支持将广东纳入投贷联动试点地区，支持符合条件的银行业金融机构通过设立子公司开展股权投资。完善创业投资引导基金。鼓励各地级以上市设立小微企业转贷基金或其他类似扶持措施支持小微企业发展。

（2）建设和完善金融服务平台。建设“广佛莞”地区和深圳市国家级科技金融试点区，鼓励汕头市海湾新区在粤东西北地区率先开展科技金融试点，推动佛山市南海区建设科技金融产业融合创新试验区。将金融科技产业融合试验从国家级高新区推广到高新技术产业开发区、经济技术开发区、国家高技术产业化基地、工业园区、产业转移园、专业镇等。加快建设“中国青创板”，支持“中国青创板”申请全国股权众筹试点资格。推动设立主要为创新驱动服务的民营银行、证券公司、金融租赁、消费金融、创新型保险公司等创新型法人机构。

（二）探索建立房地产发展长效机制

要加快落实国务院办公厅《关于加快培育和发展住房租赁市场的若干意见》（国办发〔2016〕39号）的地方细则，加快构建“租售并举”“先租后买”的住房新制度。要防止租赁住房建设异化为拉动投资的政绩工程、面子工程，避免租赁房建了很多，但广大新市民不愿租住，出现类似保障房的空置、弃租等现象。要同步推进配套改革，比如基于租赁住房的公共属性，土地出让多用综合评价的“招标”、少用价高者得的“拍卖”，以实实在在降低地价；教育和医疗投入要与城市常住人口刚性挂钩，确保公办教育覆盖所有常住人口，并以社保缴纳或纳税、居住年限、对城市公共服务贡献度等，确定公平的分配顺序，让所有人看到希望。又比如，实现公办教育全覆盖，要在就近入学、教师轮岗、省市区和街道多层次公办教育体系上下功夫，打破少数人垄断优质教育资源和寻租现象。财政投入、税收优惠、金融支持（如房地产投资信托基金 REITs）要落地，该政府配套的公共设施也要同步跟上；要完善户口登记和迁移制度，解决子女入学等租赁住户后顾之忧。

（三）下大气力降低实体经济发展成本

加快落实《广东省降低制造业企业成本支持实体经济发展的若干政策措施》，从企业税收负担、企业用地成本、企业社会保险成本、企业用电成本、运输成本、企业融资成本、企业制度性交易成本等方面，全面系统地降低企业发展成本，为实体经济发展提升后劲。

（四）建立实体经济创新驱动发展的长效机制

（1）支持企业开展“技改、智改、绿改”。将技术改造普惠性事后奖补政策享受范围。培育建设省智能制造示范基地。推进企业绿色化改造，节能降耗和清洁生产，支持传统产业企业淘汰落后产能。

（2）继续组织实施好重大科技专项。在继续实施计算与通信芯片、移动互联网应用支撑关键技术研发、云计算与大数据管理技术、新型印刷显示、智能机器人、增材制造（3D 打印）等一批重大科技专项基础上，增加无人智能技术、第三代半导体材料与器件、新能源汽车动力电池及动力系统等重大科技专项。

（3）打造多元创新平台。引导和支持企业建设工程技术研究中心、企业技术中心、工程实验室、重点实验室、院士工作站、企业特派员工作站等研发机构。支持龙头企业设立海外研发中心。深化与国内外知名高校、科研院所、央企、跨国企业等机构的合作，支持龙头企业牵头成立技术创新或产业发展联盟。支持企业、系统集成商、科研单位与用户等围绕产业链开展“研制方＋用户方”的协同创新平台建设。建设国防科工系统领域的央企、科研机构开展产学研合作平台。重点培育两家国家级工业互联网平台和一批行业级、企业级工作互联网平台。

（4）持续推动科技成果转移转化。重点推进重大科技成果转化数据库建设。强化科技成果转移转化市场对接服务，完善促进科技成果转移转化的激励机制。全面推广实施经营性领域技术入股改革，进一步完善高校、科研院所领导人员科技成果转化收益管理办法。筹办全国高校科技成果博览会。

（5）强化人才支撑。统筹省财政技术研发资金，对企业引进、培养先进装备制造业科技研发人才给予奖励。引导省内高校、职业技术学校、技工学校开设先进装备制造业专业课程，与企业合作培养先进装备制造业人才。优先支持珠江西岸各市（区）加快技能人才培训网络平台、技能人才培训示范基地建设。

（五）提升外资利用水平

突出重点行业和龙头企业，以世界 500 强、行业领军企业和高技术企业为重点，继续做好重点领域产业链招商，大力发展总部经济，鼓励跨国公司设立地区总部以及具有总部性质的功能性机构。一是进一步完善外资优惠政策。紧紧围绕外商最关心的财税、成本、用地、人才等核心问题，加大落户奖补、降低投资运营成本、鼓励总部发展、支持研发创新、加强用地保障等，提升外资利用质量。二是发挥自由贸易试验区引领作用，加强制度创新，把自由贸易试验区打造成为高水平对外开放门户枢纽和高端外资集聚地。三是抓住粤港澳大湾区建设的历史机遇，强化开发区吸收外资功能，在高起点上进一步提升港澳投资质量和水平。四是继续加强与欧美发达国家和地区直接合作，切实发挥省驻欧美、东南亚经贸招商办事处的作用，着力提升欧美地区等发达国家在粤投资比重。

（**执笔人：**王云平　盛朝迅　李淑华　任继球）

第八章　西部地区发展实体经济、推动新旧动能转换调研报告

——对重庆、四川、贵州、陕西等西部四省(市)的调研

内容提要　重庆、四川、贵州、陕西西部四省（市）高度重视实体经济发展，深入实施创新驱动发展战略，积极推动大众创业万众创新，通过“创新驱动、高位推动、新旧融动、双创联动”，加快培育新产业、新业态、新模式，促进新旧动能平稳接续、加速转换，取得了积极成效。下一步应聚焦基础支撑和新要素资源相对薄弱、市场空间相对有限和制度创新供给相对不足等问题，加快创新要素聚集、强化体制机制创新，促进重点领域加快突破，推动实体经济不断发展壮大，新旧动能持续转换。

一、重要成效

近年来，重庆、四川、贵州、陕西等西部四省（市）深入实施创新驱动发展战略，积极推动大众创业万众创新，加快培育新产业、新业态、新模式，促进新旧动能平稳接续、加速转换，取得了积极成效。四省（市）经济运行“稳”的格局在强化、“转”的力度在加大、“新”的动能在成长、“好”的成效在提升，主要表现为：

（1）新兴产业保持较快增长。2017 年一季度，重庆市十大新兴产业同比增长 32%，其中新型显示增长 96.4%、机器人及智能装备增长 66.2%、新材料产业增长 52%。贵州省 1—4 月软件和信息服务收入同比增长 35.1%，电子信息制造业增加值同比增长 59.6%，电信业务总量同比

增长 89.1%。四川省一季度高技术产业行业景气指数较 2016 年四季度环比提高 12%，2017 年 1—4 月增速比 2016 年同期高 8 个百分点。陕西省共享交通、互联网金融、智慧物流、创客经济等新业态年均增速达到 40%以上。

（2）传统产业加快改造升级。重庆市在巩固汽车、电子两大集群发展优势的基础上，加快装备、化工、材料、消费品等产业提档升级，使得传统产业焕发生机，1—4 月，装备、化工、材料、消费品等行业增加值增幅均超过 13%，对全市工业产值增长贡献率达到 46.7%。贵州省强力推进“千企改造”工程，提升传统行业竞争力，中烟贵州、瓮福集团、茅台集团等技术研发实力明显提升，煤炭、冶金、有色、建材等重点行业绿色化改造提速。

（3）科技成果产业化效果明显。四川省着力加快 100 项重大科技成果转化，飞机大部件模块化系统集成制造等关键核心技术已在国产大飞机、公务机中使用，全球第一列新能源空铁试验线成功投运。重庆市实施 1000 余项重点产品研发及产业化项目，加快创新成果产业化进程，长安福特 9FM 变速器、北汽银翔 C20SUV 等 40 个新产品销售收入超过 10 亿元。

（4）创新创业势头良好。“四路大军”的创新创业热情得到激发，市场主体快速增加。重庆市自 2014 年商事制度改革以来新设立企业 39.3 万户，月均新设数量比改革前增长 50.1%。四川省创业投资表现活跃，全省各类创投机构 700 余家，管理基金规模突破 1500 亿元。各地双创支撑载体不断增加，创业服务和融资平台逐步完善，“互联网 + 双创”等创新创业模式蔚然成风。

（5）新产品新业态新模式茁壮成长。重庆市新产品产值达到 5500 亿元，对工业产值增长贡献率达 30%，新产品产值率 23%，居全国前列。贵州省 2016 年集成电路产量达到 1.2 亿块，是 2011 年的 10 倍多，一些新兴产品从无到有，智能手机产量达到 1.3 亿部，列全国第 4 位。线上线下融合、跨境电商、在线医疗、共享单车、智能快递箱等新业态新服务模式层出不穷，企业网商、平台、网民数量快速增加，四川涌现出 1919 酒类直供、中药材天地网、九正建材、咪咕音乐、新华文轩、人人快递、速递易等全国行业领军企业。

总的来看，虽然四省（市）均处于西部地区，经济发展程度与东部地区有一定差距，但实体经济发展新动能正在不断积聚壮大，新旧动能接续转换态势明显，有利于四省（市）发挥后发优势，在全国新旧动能转换中做出新的贡献。

二、经验及做法

重庆、四川、贵州、陕西等西部四省（市）在发展实体经济，加快培育新动能、促进新旧动能转换工作中既尊重新动能培育规律，采取了诸如大力培育发展新兴产业、着力促进科研成果产业化转化、积极推动大众创业万众创新、深化改革优化服务等共通性的做法，也因地制宜采取了一些创新型的举措，形成了各具特色的经验和做法。

（一）四川：以系统推进全面创新改革试验为引领，有效推动新旧动能转换

四川省把全面创新改革作为引领四川“十三五”发展的“一号工程”，着力推进重点领域改革和制度创新，破除阻碍创新驱动发展的瓶颈制约，形成推动新旧动能转换的强大动力。在军民深度融合方面，探索制定军民融合企业认定标准，培育发展一批军民融合科技型中小微企业，创新军工科技成果转化机制，创建首个国家军民两用技术交易专业化平台，并推动大型国防科研资源开放共享，目前已建成涵盖 15 个重点实验室、100 余位专家、300 余家企业和 2000 余台精密仪器的大型科技资源共享平台，着力形成军民融合发展新动能。在科技体制创新方面，推进科研院所改革，探索转化一批、深化一批、改制一批、新建一批“四个一批”新模式，推进 42 家科研院所和 32 所高校开展各类试点。仅在西南交通大学即一年完成 168 项职务发明专利分割确权，9 家高科技创业公司成立，转化成果超过过去数年总和。在知识产权体制改革方面，成都郫都区成立全国首个专利、商标、版权“三合一”知识产权综合管理机构，为全国知识产权管理体制改革探索提供经验。四川省还注重改革经验复制推广，形成全省新旧动能转换的联动效应。如通过搭建“虚拟产业园”，为入园企业提供商务秘书服务及网络发展等增值服务，目前入园企业已近千户，其规模在全国七大虚拟产业园区中位居前列。通过推广“以核心企业带动为特点

的应收账款融资服务模式”，应收账款融资服务平台已为四川企业和银行开通用户 10757 余家，促成应收账款融资 2127.64 亿元。通过推广“平台化、市场化运营的科技金融服务模式”，“盈创动力”平台已为 3600 余家中小企业提供债权融资，为 10000 余家企业提供科技金融增值服务，助推 20 余家企业改制上市，有效缓解了中小企业融资难、融资贵的问题，为企业发展提供了重要动力和有力支撑。

（二）贵州：以大数据和数字经济为重点，推动新动能发展“风生水起”

贵州省把发展大数据和数字经济作为转型发展、服务民生和促进创新创业的新引擎新途径新手段，深入开展“大数据 + 产业深度融合行动计划”，以大数据、“互联网 + ”等手段推动传统产业转型升级，提质增效，进而带动大扶贫、大生态等战略任务实现。目前，高通、阿里巴巴、腾讯、华为、SAP 等国际大数据核心企业，以及神州、360、浪潮等国内知名大数据龙头企业项目已经相继落户贵州。仅 2017 中国国际大数据产业博览会期间，全省又签约大数据产业项目 360 个，签约金额 533.6 亿元。大数据产业的发展还带动了传统产业数字化转型，“大数据 + 医疗”、“大数据 + 健康管理”、数字金融、智慧物流等新业态快速发展，货车帮已与神华集团达成战略合作，开创“大数据 + 公铁联运发展”新模式，助力全国公路铁路智慧物流体系建立，推动全国物流行业转型升级。贵州金融城已吸引 100 多家个人对个人（P2P）业务、众筹金融、大数据征信、移动支付等创新金融企业入驻，与百度合作推出“贵州金融大脑”，在国内率先建成打通政府、企业、金融机构、互联网数据的中小微企业智能融资撮合平台。

通过在大数据和数字经济领域的不断探索、先行先试，贵州取得了“风生水起”的发展局面，在全国抢先实现了一系列首创之举：率先获批建设首个国家大数据（贵州）综合试验区、贵阳·贵安大数据产业发展集聚区、贵阳大数据技术创新试验区；率先建成全国第一个省级政府数据集聚、共享、开放的“云上贵州”系统平台；率先成为国家电子政务云数据中心体系南方节点；率先设立全球第一个大数据交易所；率先举办大数据产业博览会；率先提出“块数据”理论并开展应用推广；率先创建大数据资产评估实验室并推动大数据资产评估标准化等。为国家实施网络强国战略、国家大数据战略、“互联网 +”行动计划探索了一些可复制、可推广的经验。

（三）重庆：坚持“两条腿”走新路，全力以赴培育壮大新动能

重庆市坚持改造提升传统产业和培育发展新兴产业“两条腿”走路，在稳住基础的同时大力拓展新增长点，促进新旧发展动能接续转换。在传统产业提升上，依托汽车和电子两大产业集群，鼓励企业不断加大技改投入，积极采用新装备、新材料、新技术、新工艺对现有产业进行改造提升，着力推动产业链上中下游垂直整合、同类企业集聚共生，制造业和服务业融合发展。在新兴产业培育上，以十大战略性新兴产业和十大战略性新兴服务业为主要抓手，制定出台《战略性新兴制造业“1 + 10”发展规划》《加快发展十大战略性新兴服务业的意见》等政策措施精准扶持，推动新兴产业蓬勃发展。例如，在分享经济领域，重庆市已涌现出一批本土平台企业，形成了智能样机中心（生产能力分享）、猪八戒网（知识技能分享）、车位飞（用车生活服务分享）、聚土网（土地要素市场分享）、淘会场（办公空间分享）等一批分享经济平台。猪八戒网打造的工业服务众包平台，目前已经入驻工业设计师 58000 人，入驻设计机构和企业 36000 家，日均完成设计超过 100 单。

（四）陕西：以产业创新发展为牵引，加快新旧动能转换

陕西省积极抢抓国家“一带一路”倡议和创新驱动发展战略历史机遇，坚持以产业创新发展为牵引，加快发展以战略性新兴产业、数字经济为代表的新经济，加快新旧动能转换。

在战略性新兴产业培育上，以电子信息制造、高端装备、新材料、生物医药和新能源为重点，加快技术研发、招商引资和项目推进力度，推动重点企业和产业集聚区持续向好发展。三星、华为、中兴等重大项目带动作用明显，西安已成为中西部地区重要的通信产业集聚区。航空重大整机带动效应突出，围绕运 –20、新舟 600/700、运 –8/9 等系列，产业配套能

力不断增强。在数字经济发展上，大数据技术创新、数据存储、技术服务和行业应用快速发展，聚集了一批行业领军企业。在产业创新发展上，陕西省以重点领域关键技术突破为牵引，依托现有技术研发和产业基础，以延伸产业链、提升价值链为着力点，组织实施集成电路、新型显示、移动通信、大数据与云计算、增材制造、机器人、无人机、卫星应用、分子医学和新能源汽车十大产业创新发展工程，推动重点领域技术突破和产业化发展，构建完整产业链，打造国内一流的产业创新发展高地，促进新旧动能平稳接续转换。西安光学精密机械研究所还提出“硬科技”概念，主要指研发投入高、技术门槛高，但一旦实现突破，技术壁垒也比较高，能够形成较强领先优势的技术领域，目前在远距离虹膜识别技术、军用无人装备、多功能无人驾驶电动车等领域取得重要成果，并成立国内首个“硬科技”众创空间，扶持和孵化“硬科技”企业，带动以“硬科技”为主要特征和基础的新动能发展。

三、瓶颈及存在问题

受发展阶段、基础条件和发展环境等因素影响，西部四省（市）在发展实体经济，培育发展新动能，促进新旧动能转换方面，还面临着不少瓶颈和问题，特别是基础支撑和新要素资源相对薄弱、市场空间相对有限和制度创新供给相对不足，与东部先发地区仍有较大差距。

（一）基础支撑和新要素资源相对薄弱

新动能的发展对软硬基础设施条件和人才、知识、技术、数据、信息等新生产要素资源的要求比较高，需要有大量的新要素资源源源不断地投入到生产应用中，极大地放大了生产力的乘数，为经济增添了新的活力。然而，与东部先发地区“高平台上再起跳”所不同的是，西部地区整体经济发展水平还不高，正处于“低起点上奋力追赶”阶段，新要素资源的基础和集聚能力都相对薄弱，制约了新动能的快速发展壮大。如陕西省反映创新资源分散、碎片化、封闭化特征明显，国际创新合作平台较少，产学研紧密结合不够。“四新”经济领域不仅面临高素质人才短缺、新技术转化低效、信息数据整合使用价值不高等问题，同时也面临新生产要素合理流动、集聚共享能力不足等问题。贵州省信息网络覆盖面不广，在一些贫困山区还存在信息空白，“数字鸿沟”明显。新兴产业发展的人才缺口较大，仅大数据人才缺口就达到3.5万人。风险投资等创新型金融支撑不足，难以适应新动能领域创新型企业发展壮大的要求。贵州省2017年向金融机构推荐了573个具有示范性、前景好的新经济项目，但仅有224个项目初步达成融资意向，意向融资额仅为融资需求的24.6%。

（二）市场空间相对有限

对西部地区而言，新动能领域的市场空间问题既有一定的共性，也有一定的特殊性。共性是新兴产业在培育和发展中有时遇到一些政策障碍，导致新兴市场不能尽快拓展。如创新药物的上市问题、基因检测纳入医保的问题、新材料的应用推广问题等。同时，新旧业态转换中的利益调整矛盾较多，一定程度上对市场的培育和壮大造成影响。特殊性在于西部地区整体经济发展水平不高，人们对新生事物接受程度相对较低，市场空间有限，市场开拓的难度较大。

（三）制度创新供给相对不足

在区域层面，由于新产业新动能发展具有技术更迭快、业态多元化、产业融合化、组织网络化、发展个性化、要素成果分享化等新特征，现有的一些经济领域的制度、政策和管理规则已难以适应新产业新动能蓬勃发展的需要，甚至在部分领域成为阻碍新产业新动能发展的束缚因素。如对不断出现的新业态、新模式缺少相应的政策支撑，在政府采购、技术标准支持和设定、税收优惠等方面的激励政策还有待建立和完善。同时，政府信息资源的开发和利用力度不够，信息共享有待强化。

在国家层面，西部大开发政策是促进西部发展的重要支持，但随着新业态的不断涌现，原有的产业扶持门类已不能适应新经济发展的需要，对西部地区创新的扶持效果减弱、支持错位情况较为突出。部分新政策精细化程度也有待进一步提高。例如，在资源开发利用标准上，西部地区具有资源就地转化利用等优势，而当前的一些政策往往没有考虑区域性差别，简单化一刀切，不够精准，也不利于西部地区后发赶超。在具体扶持标准上，一些新政策标准在东部是基准线，但对西部来说基本难以达到。如

《关于组织实施通用名化学药发展专项的通知》中规定申报单位需满足三年销售收入平均15亿元以上，研发投入占销售收入5%以上，东部发达地区的许多企业都具备申报资格，贵州却没有一家企业能达到国家专项的基本申报要求。

同时，对西部地区而言，推动新旧动能转换还存在一些深层次矛盾，如转换进程提速化和传统结构惯性固化的矛盾，全国统筹发展和地区性冲动的矛盾等。这些问题需要引起高度重视，从宏观层面逐步予以解决。

四、具体建议

西部地区发展实体经济，推动新旧动能转换必须在把握新动能培育规律的基础上，从更广阔更深远的角度看到培育新动能发展的意义，统筹优化影响新动能发展的各种因素，结合自身发展阶段特征，采取针对性的措施，久久为功、绵绵用力，持续推动新旧动能接续转换。

（一）加快汇聚培育壮大新动能的新要素资源

加快构建梯度分明、特色突出的技术创新体系，围绕大数据、云计算、物联网、生物医药、高端装备制造等新兴领域，突破关键核心技术，提升新动能领域整体创新能力。健全人才激励机制，加大人才引进培育力度，取消妨碍新兴业态领域高素质人才流动的户籍、学历限制，激励敢于创新、勇于拼搏的企业家精神，支持海外优秀人才来华创新创业，让人的智慧源源不断地转化为现实生产力。围绕建设“数字政府”要求，根据数据安全属性，积极稳妥地向社会开放数据，打通数据封锁和信息孤岛，加强政府数据资源的统筹管理。

（二）聚焦重点领域促进新动能加快突破

把握数字经济、绿色经济、创意经济、信息经济和智造经济等新经济形态发展机遇，加快推进电子信息、大数据和云计算、高端装备制造等重点领域产业创新发展突破，形成规模经济和带动效应。把信息技术和数字经济推动一二三产业融合发展作为培育新经济、改造提升传统动能的重点，开展传统产业“万企改造提升”工程，着力以技术创新培育新产品，以融合创新催生新业态，以“互联网+”衍生新模式。大力培育新动能领域创新创业主体，做大做强平台型企业，加快发展创新型领军企业，持续推进中小微企业创新发展，培育各种新型农业经营主体，造就推动新旧动能转换的“四路大军”。

（三）创新管理优化服务推动体制机制管理创新

加快推进政府管理创新，优化对新兴经济领域市场主体的审批服务，清理规范各类前置审批和事中事后管理事项，完善企业行业归类规则和管理方式。创新监管理念和方式，完善事中事后监管，积极运用大数据、云计算、物联网等信息技术，完善信息互换、监管互认和执法互助，加强大数据安全监管保护能力和队伍建设，建立健全以信用管理为基础的创业创新监管模式。健全市场导向新机制，完善以负面清单为主的产业准入制度，建立高层次、常态化的企业技术创新对话、咨询制度，鼓励企业自主决策、先行投入，开展重大产业技术研发攻关，优化科技项目评审制度。

（**执笔人：**盛朝迅　李淑华）

第九章　湘潭振兴实体经济、推动产业转型升级的调研报告

内容提要　近年来，湘潭在产业转型升级领域开展了大量的工作，与全国同类老工业城市相比，基础条件好、工作力度大、改革创新举措实、示范作用明显，特别在推进老工业区搬迁改造、加快工业污染治理、提升装备制造业核心竞争力等方面取得了明显成效。本报告总结了湘潭振兴实体经济、推动产业转型升级的成效，分析存在的矛盾和问题，并为下一步产业转型升级提出了相关对策建议。

湘潭是我国中部地区重要的老工业基地，是“一五”、“二五”时期全国重点建设的23个工业城市之一，拥有湘钢、湘电、江南、江麓等中央和省属老企业。近年来，湘潭产业转型发展取得一定成效，但也面临着许多问题需要破解。为此，国家发展改革委产业所课题组一行11人，于2017年4月15—20日赴湘潭就老工业城市振兴实体经济、产业转型升级问题进行调研。在湘潭期间，课题组采取和当地政府座谈、企业实体考察等多种方式进行调研，深入了解湘潭产业转型升级的现状和存在的问题，并据此研究提出产业转型升级的政策建议。

一、转型发展基础

（一）经济总量保持较快增长

2011—2016年，湘潭地区生产总值由1124.1亿元增加到1845.7亿元，年均增长10.9%（现价）。2016年地区生产总值同比增长8.2%，增速居全省第二，比全省平均增速高0.3个百分点。与长沙、株洲、娄底等

市相比，增长速度仅次于长沙（9.4%），高于株洲（7.9%）和娄底（7.6%）；固定资产投资1938.2亿元，增长14.5%，增速居全省第三，高于长沙（13.9%）、株洲（13.5%）和娄底（14.4%）；财政总收入186.5亿元，增长7.2%，增速低于长沙（10.6%）、株洲（7.7%）和娄底（9.7%）。

（二）以工业为主导的产业结构得到初步调整

近年来，湘潭市加大产业结构调整力度，三次产业结构逐步改善。一二三产业比例从2010年的10.7∶55.9∶33.4调整为2016年的8.2∶52.9∶38.9。服务业占比增加了5.5个百分点，第二产业占比下降了3个百分点，第一产业占比下降了2.5个百分点，产业结构进一步优化。从湘潭产业结构现状来看，工业仍居主导地位，2011年工业增加值占其地区生产总值的比重为53.1%，到2015年虽然下降了3.1个百分点，但仍占50%，到2016年下降到48.2%。经过长期发展，湘潭已形成了以先进装备、精品钢材及深加工、汽车及零部件、新能源等为主的工业体系。从服务业内部发展看，在传统服务业平稳发展的基础上，现代金融、现代物流、文化旅游、科技信息、文化娱乐、健康养老、商务租赁、服务外包等现代服务业发展快速，服务功能不断加强。从农业发展来看，湘潭是全国重要的粮猪生产基地，是湖南省最大的商品猪调出基地、畜产品加工出口基地和种猪基地，沙子岭猪列入国家级畜禽遗传资源保护名录。

（三）创新能力逐步提高

近几年，湘潭市积极推动创新驱动战略，加大科技投入，建立健全创新体系，科技创新能力逐步提高。截至2015年，专利申请总量超过1.6万件，专利授权量超过9000件，研发投入占GDP比重达到1.83%，居全省前列。一是产学研相结合的技术创新体系基本形成。湘潭市与中南大学、湖南大学、湘潭大学、湖南科技大学、湖南工程学院等高校签订了产学研合作协议，100多家企业与国内外几十所高校建立了全面合作关系。二是与省科技厅联合设立了省市自然科学联合基金，组建了风电、先进矿山、湘莲、汽车及关键零部件等省、市级产业技术创新联盟。三是创新平台建设加快。目前有国家级创新服务中心和生产力促进中心2家，博士后工作站和流动站 13 家，院士工作站 4 家，国家级重点实验室 6 家、省级重点实验室 29 家，国家级企业技术中心 5 家、省级企业技术中心 26 家，省级工程技术研究中心 17 家。

（四）改革开放工作进一步推进

近年来，湘潭全面深化改革取得较大突破，民间资本参与公共领域投资改革取得实质性进展，成为全国首批政府和社会资本合作（PPP）模式试点城市；财税、金融、投融资等要素市场改革不断深化。国企战略重组取得阶段性成果，基本完成了对老国有企业不同程度的股份制改造，国企办社会职能分离在全省率先实现突破。在大力推动改革的基础上，湘潭市对外开放度也不断提高，开放型经济加速发展，湘潭综合保税区通过验收后实现封关运行，韶山出入境检验检疫正式运行，成功引进美国塔奥、中建集团、中交集团等一批世界 500 强和大型央企入驻。以“产业链”为主线，围绕转型升级，开展智能制造、汽车零部件、电子信息、加工贸易、健康医疗等系列招商活动，引进了吉利汽车、机器人、泰富重工、泰富象王、新型智能一体化泵阀、湘电电器控制等项目。

（五）环境治理与保护效果明显

湘潭始终坚持绿色、低碳发展，生态文明建设取得新的进展。“十二五”时期，节能减排成效明显，万元 GDP 综合能耗由 2010 年的 1.17 吨标准煤下降到 2015 年的 0.807 吨标准煤，5 年累计下降 30% 以上，主要污染物排放 5 年减少 10% 以上。成功获批全国污染减排协同示范城市、国家可再生能源建筑应用示范城市、新能源示范城市、节能减排财政政策综合示范市，湘乡市和韶山市成功获批国家可持续发展试验区。环境综合治理取得重大突破，湘江保护和治理“一号重点工程”顺利实施，竹埠港、锰矿地区等重点区域重金属污染治理加快推进，竹埠港等重点区域环境综合整治在全省率先突破。全市共淘汰焦炭、铁合金、化工、水泥、锰铁高炉、造纸、制革、印染等落后生产线 69 条，总计淘汰落后产能 344.99 万吨。2016 年，全市森林覆盖率 46.3%，城区污水处理率 95%，城市生活垃圾无害化处理率 100%，全年空气质量达到优良以上标准 286 天，比上年增加 18 天。万元规模工业增加值能耗 0.66 吨标准煤，下降 5.3%；万元地区生产总值能耗下降5.1%。

二、取得的成效

近年来，湘潭在产业转型升级方面开展了大量富有成效的工作，与全国同类城市相比，基础条件好，工作力度大，改革创新举措实，示范作用明显。特别是在推进老工业区搬迁改造、加快工业污染治理、提升装备制造业核心竞争力等方面取得了突破性进展，积累了一些推进产业转型升级的典型经验和做法，对全国同类城市产业转型升级具有重要的指导意义。

（1）传统产业转型升级明显，新兴产业不断发展壮大。通过加快淘汰落后产能和技术改造升级，钢材及深加工、汽车及零部件、食品加工等传统产业转型升级成效明显，高耗能行业占规模工业比重由2010年的50%以上下降到了2016年的30%以下。先进装备制造、新一代信息技术及新能源等战略性新兴产业快速发展，“十二五”期间规模以上战略性新兴产业年均增速超过10%，占GDP比重19.3%，在全省排名第一。以自动控制和系统集成两大智能技术为支撑，以机电一体化为特色的智能制造体系正在形成，先进装备制造业正成为第一大产业，逐步改变了过去“一钢独大”的局面。

（2）老工业区改造成效显著，城市功能不断完善。湘潭市历史上形成了竹埠港、下摄司、鹤岭—先锋、湘乡城西四大产业特色明显的老工业区。近年来，大力推进老工业区改造，先后关停并转了竹埠港老工业区的28家化工企业，全力推进核心滨江商务区和现代商贸物流中心的开发和建设，核心区域由1.74平方公里扩展至33.36平方公里。老工业区的搬迁改造为区域经济稳增长、促发展、惠民生提供了良好的发展载体和平台，产业配套和服务功能不断完善。“五纵六横”路网建设、工矿棚户区改造与安置房建设、学校医院等公共项目重建，有效解决了竹埠港区域内化工企业居民生存空间小、生活环境条件差等问题，城市品位与功能显著提高。

（3）环境污染得到遏制，逐步向生态环保转变。竹埠港地区等重点区域环境综合整治在全省率先突破，湘潭段水质常年稳定在Ⅲ类，城市空气质量优良率、污水处理率分别达到75%和92.5%。生态建设近五年完成营造林125.3万亩，综合治理水土流失面积92.8km^2，增加湿地保护面积1.1万公顷。万元GDP综合能耗由2010年的1.17吨标准煤下降到2015年的0.807吨标准煤。2016年，全市森林覆盖率达46.2%以上。韶山成为全省第一个“两型”综合示范片区。

（4）科技创新步伐加快，金融服务平台不断完善。科技创新平台建设取得明显进展，截至2015年，全市拥有国家级企业重点实验室1家，国省创新型企业17家、国家级企业技术中心5家、省级企业技术中心26家、省级工程技术研究中心17家，在全省处于领先位置。金融服务平台不断完善，融资能力不断提升，制约产业转型发展的资金瓶颈正逐步得到解决。竹埠港老工业区湘江流域化工企业污染综合治理项目、竹埠港老工业区基础设施建设项目、竹埠片区重金属治理项目、工矿棚户区荷塘片区4个项目已获批国家专项建设基金支持，国家开发银行配套贷款授信及时到位，浦发银行、华融湘江银行均对竹埠港重金属污染综合治理贷款全面落实。

（5）积极推进“军转民”与“民参军”，再创军民融合产业新优势。近年来，湘潭市大力推进“军转民”与“民参军”的融合进程，军工企业主动融入地方经济，参与了“双百工程”、“四千工程”等重点工程建设，产业关联度明显提高。军民两用先进装备制造、汽车及汽车零部件、军民两用电子信息三大特色优势产业得到快速发展。军民融合新产品产值从2010年的66.04亿元增长到2014年的139.30亿元，增长110.92%；税收从3.63亿元增长到14.71亿元，增长304.76%。军民融合平台建设不断加强，目前已经认定和挂牌了多个国家级军民融合产业基地，平台支撑效应凸显。军民融合产业的企业技术实力日趋雄厚，产品研发能力不断增强，目前已拥有自主知识产权的技术达到300多项，江麓机电、江南集团、湘电集团、湘电重装、平安电气、中冶京诚、三峰数控等一大批龙头骨干企业拥有大量的技术成果。

三、矛盾和问题

（一）结构性矛盾突出

湘潭市服务业所占比重偏低，工业内部重化结构特征仍然明显，产业抗风险能力较弱，加上当前面临“传统产业动能不足、新兴产业带动不足”的两难处境，在经济深度转型调整的大背景下，结构性矛盾越来越凸显，现有的产业结构与当前和未来需求明显不相适应。一是三次产业结构不合理。工业比重偏高，2016 年工业增加值占 GDP 的比重达 48.2%。服务业发展相对滞后，2016 年服务业增加值占 GDP 的比重仅为 38.9%，比全省平均水平低 7.5 个百分点，比全国平均水平低 12.7 个百分点。二是产业内部结构不合理。工业中重工业占比偏高，2016 年重工业增加值占规模以上工业比重达 77%，工业重型化特征明显。工业发展仍较粗放，优势产业主要集中在原材料工业上，主导产品仍以初级加工和中间产品为主，带动性强、适应市场需求和消费结构升级的精深加工、高技术含量产品与最终消费品比重较低。服务业内部结构层次偏低，主要以商贸、餐饮等传统服务业为主，与新型工业化、城镇化、农业现代化以及人们生活服务要求提高相适应的现代服务业发展不足，金融保险、信息服务、现代物流等新兴服务业还有待进一步提速。三是产业链条短、集群化水平不高。由于全市具有比较优势的产业带动效应较弱，特别是大型企业多处于产业链上游，产业集群效应不强，关联度不高，抗风险能力较弱。

（二）体制机制问题依然存在

湘潭市作为老工业基地，也存在国有经济比重偏高，民营经济活力不足以及企业办社会和厂办大集体等体制机制问题。同时，老工业区的搬迁改造需要投入大量的人力、物力资源，需要协调各方的利益关系，这些因素都不同程度地制约着老工业基地的产业转型升级。

（三）生态环境制约明显

虽然生态基础良好，但随着工业化、城镇化进程加快，能源需求仍将呈现刚性增长，持续推进节能减排面临较大压力，单位能耗远远高于全国全省平均值。长期的重化工生产，企业排出的废水、废气、废渣，特别是重金属污染离子对湘江、土壤和地下水造成了严重污染，生态环境问题较为严重，适合规模开发的土地资源减少，工业化、城镇化发展已挤占大量农林用地，人地矛盾锐化。能源消耗过大，单位 GDP 能耗明显偏高，远远高于全国、全省平均水平，在湖南省内仅低于娄底。

（四）城市改造搬迁升级难度大

湘潭拥有竹埠港老工业区、湘锰独立工矿区、谭家山采煤沉陷区、湘乡城西老工业区、湘乡棋梓独立工矿区、湘乡壶天镇采煤沉陷区等许多老工矿区，多布局在城市中心区域内。由于老城区配套设施陈旧、城中村和棚户区改造面积较大、市域交通网络支撑不够等历史原因，这些老工业区改造搬迁难度大，制约着城市品质的提升。

（五）周边地区竞争加剧

随着高铁、高速路、机场等交通设施建设，长沙和株洲获得了更便捷的对外交通途径，在相似的产业结构基础上，成为湘潭强势的竞争对手。长沙、株洲、娄底的发展势头依然强劲，湘南作为承接东部产业转移示范区，正在加速发展。湘潭作为湖南省面积最小、人口倒数第三、中心城区面积倒数第一的地级市，转型发展将面临更加激烈的竞争。

四、政策建议

（一）把构建现代产业新体系作为湘潭产业转型升级的总目标

全面推进经济结构优化升级，大力推进产业向高端化、信息化、集群化、融合化、生态化、国际化发展，推动战略性新兴产业和传统制造业并驾齐驱、现代服务业和传统服务业相互促进，拓展延伸产业链、提升价值链、完善供应链，实现信息化和工业化深度融合、产城融合、军民融合，加快构建现代产业新体系，打造湘潭产业转型升级版。

（二）创造良好的政策环境加快现代产业新体系构建

重点从产业、创新、投资、金融和土地等方面支持老工业城市产业转型升级示范区改革创新，形成推动湘潭产业转型升级的政策合力。

1. 产业政策

（1）优先推荐示范区产业项目申报国家战略性新兴产业创业投资引导基金和中小企业发展基金，支持示范区新兴产业项目建设和种子期、初创期成长型中小企业发展。加大技术改造支持力度，优先支持示范区内优势企业申请工业转型升级专项资金和国家专项建设基金等，对示范区重大产业项目予以倾斜支持。积极争取湖南省预算内“大众创业万众创新”、“产业链创新专题”、“现代服务业发展专项”等专项资金优先支持示范区内项目。

（2）支持老工业城市转型升级示范区优先设立制造业创新中心。加大技术改造支持力度，配置和部署技术的攻关、技术的改造以及相应生态环境的建设，加快信息化和工业化深度融合，推进制造业智能化改造，促进工业互联网、云计算、大数据在企业研发设计、生产制造、经营管理、销售服务的综合集成应用。通过制造业创新能力的提升，推进钢铁、有色、化工、建材等行业绿色改造升级，积极稳妥化解过剩产能，促进装备制造等优势产业提质增效。

（3）着力落实老工业城市转型升级示范区税收优惠政策。对进入重点发展产业领域的资金，按规定享受一定的优惠政策。对符合税法规定条件的高新技术企业按一定减免税率征收企业所得税。落实国家关于购置使用节能节水、环境保护、安全生产专用设备的所得税优惠政策。城区老工业区搬迁企业享受现行政策性搬迁企业所得税优惠政策，搬迁企业房屋、土地权属发生转移且符合规定条件的，可统一享受现行有关契税优惠政策。

（4）向国家申请安排中央预算内投资支持湘潭城区老工业区整体搬迁改造，争取国家各类产业基金，优先支持示范区重点项目建设。设立湘潭产业转型升级引导资金，逐年增加资金规模。充分利用湘潭的产业基础，优先布局重大产业项目。对示范区在技术改造、强基工程、科技创新、人才培养、专项示范等方面予以倾斜支持。推进国防科技工业军民融合式发展，开展军民融合创新示范区建设。

（5）制定《湘潭市转型升级鼓励类产业指导目录》。重点出台中介招商政策，电子商务、智能制造等新兴产业专项培育扶持政策，从产业招商、创业企业培育、科技招商、建立公共技术服务平台、政府财政政策、专业产业园区等方面建立产业发展工作体系。实行负面清单管理制度，除了清单上的禁区，其他行业、领域和经济活动都非禁即入，更好地促使政府简政放权、市场激发活力。支持示范区开展电力体制改革，降低示范区内企业用电成本。

2. 创新政策

（1）开展老工业城市创新发展试点示范。完善老工业城市创新创业条件，鼓励先行先试，依托城区老工业区或其搬迁改造承接地，发挥现代物流创新试点、科技服务业区域试点、医养综合试点、全域旅游示范区等一批国家级试点示范工程作用，出台支持政策，建设一批创新创业发展示范区、产业转型升级示范园区。

（2）着力搭建创新平台。进一步完善投入机制，加大对老工业城市转型升级示范区科技创新的支持力度，支持重大科技基础设施、高水平创新平台和科技成果转化平台等建设。支持通过现有的科技引导基金、产业投资基金、知识产权质押融资等多种方式，积极构建覆盖企业全生命周期的支持科技创新投融资体系，打造科技创新全面开放综合平台和战略性新兴产业科技创新发展高地。进一步贯彻落实好支持创新发展的35项税收政策，加快推进双创示范基地建设，形成科技创新可复制、可推广的经验，为老工业城市以科技创新培育发展新动能发挥示范作用。

（3）积极贯彻执行国家和湖南省有关规定，创新产业转型升级示范园区环境影响评价管理机制，鼓励以园区规划环境影响评价为基础，依法依规简化具体项目环境影响评价的程序和内容。

（4）加强与国内外著名高校、科研机构和企业对接，合作共建一批高端研发机构和专业化科技园区，培育一批高新技术产业集群。完善科技成果转化机制。采取设立子基金、贷款风险补偿等方式，吸引社会资本投入，支持关系重点产业发展的科技成果转化。

（5）建立完善人才激励、服务、流动和使用制度。实施企业经营管理人才素质提升工程，培养造就一批优秀企业家和高水平经营管理人才，提高现代经营管理水平和企业竞争力。主动对接省、市相关政策和规定，尽快完善人才引进培育机制，细化和出台支持企业创新创业、研发机构发展、加速众创空间建设、促进技术转移与成果转化、推进金融改革、推动企业上市等相关扶持政策。优先在示范区开展老工业城市产业转型技术技能人才双元培育改革试点，大力发展职业技术教育，建立职业院校定向、订单式培训机制。加快高技能技术人才培养，打造大批“工匠湘军”，积极构建具有湘潭特色的人才政策体系。

3. 投资政策

（1）不断加大资金投入。集中部分财力用于对老工业城市转型升级示范区重点产业和优质企业的支持。积极支持示范区内的示范园区和重点园区建设，重点支持企业创新平台、企业实训中心、大学科技园、创业孵化中心，以及信息基础设施、公共检测、技术咨询等平台建设。

（2）积极申请利用国家和湖南省资金，大力争取国家、省对转型升级示范区基础设施、社会公益类项目的资金，带动提升“造血”能力，对示范区予以重点支持，包括增强制造业核心竞争力、新兴产业发展、城区老工业区、独立工矿区改造搬迁以及重大项目前期工作专项补助资金等，适时申请公共基础设施和公共服务平台建设的专项资金。积极争取省战略性新兴产业专项资金、省科技研发资金等优先安排、重点倾斜示范区内企业。

（3）提高财政资金利用效率。加快实现财政资金“直接无偿投入”到“间接引导撬动”的转变，用足用好现有的几大基金，积极与有关金融机构合作设立老工业城市转型升级产业投资基金，发挥高素质投资人才的作用，重点运用股权投资、基金运作、贷款贴息、风险补助等市场化手段提高财政资金使用效益，支持创新型产业项目。同时，探索采取股权引导基金的模式，用于扶持中小初创型企业的发展壮大和重大 PPP 项目。

（4）着力拓宽投融资渠道。加强对专项资金的管理，充分发挥政府财政性资金的引导作用，鼓励产业发展基金、创业投资基金进入示范区重点工程、项目。创新与区域外大企业、资本集团的合作模式，通过一对一的协商达成合作共赢的机制，引导外部资本流入，提升本地资本的活力。鼓励利用特许经营、投资补助、政府购买服务等方式，加快推进轨道交通、城市地下综合管廊、停车场、充电设施、环保治理等基础设施建设，改善城市基础设施的薄弱环节。鼓励示范区基础设施和公共平台建设申报中央预算内投资资金支持。支持示范园区工业废水集中治理、集中供热、危险废物集中处置、资源综合利用、综合管廊、能源、交通等基础设施和公共服务平台建设项目开展 PPP 试点。

4. 金融政策

（1）进一步加大对老工业城市转型升级示范区重点项目建设的金融支持力度，在融资总量、授信准入等方面予以倾斜。积极争取金融机构无息和低息贷款的规模，重点支持基本公共服务设施建设和装备制造、现代农业、生态旅游等特色优势产业发展。鼓励更多优势型、科技型、成长型企业上市融资，扩大优势企业债券发行规模，有效降低民营中小企业融资成本。支持商业银行在湘潭设立分支机构，引导金融机构参与资源枯竭、产业衰退地区和独立工矿区转型的政策。建立中小企业信用担保基金，稳妥有序发展小额贷款公司，扶持各类创业投资公司发展。

（2）创新融资模式。支持示范区积极探索开展投融资体制改革，积极推动开展天使投资基金、小微企业互助担保、专利权质押贷款等工作。鼓励政策性金融、开发性金融、商业性金融机构探索支持示范区建设的有效模式。通过创新金融产品和金融服务提高产业转型升级支撑能力，积极为示范区内项目建设提供融资规划、财务顾问、金融租赁、综合金融方案等服务。对新引进的示范区企业，由湘潭市政府金融工作办公室、人民银行市中心支行协调市内各商业银行机构，按照“一企一行”或“一企多行”的原则，提供信贷支持服务。银行业金融机构对外来投资企业的贷款支持纳入当年对银行业金融机构的考核奖励范围。

（3）大力支持民营经济发展。加快转变发展理念，建立健全体制机制，支持老工业城市转型升级示范区民营经济做大做强，使民营企业成为推动发展、增强活力的重要力量。进一步放宽民间资本进入的行业和领域，促进民营经济公开公平公正参与市场竞争。支持民营企业通过多种形式参与国有企业改制重组。改善金融服务，疏通金融进入中小企业和小微企业的通道，鼓励民间资本依法合规投资入股金融法人机构，支持兴办民营银行、消费金融公司等金融机构。推进民营企业公共服务平台建设，支持建立现代企业制度，壮大一批主业突出、核心竞争力强的民营企业集团和龙头企业。

（4）鼓励金融探索支持科技创新模式和机制。鼓励湘潭市产业集团牵头，充分发挥产业引导基金和产业转型升级发展子基金的作用，引导、扶持全市传统企业转型、培育新兴产业。鼓励金融机构增加科技信贷投放和强化科技金融服务，在贷款准入标准、考核激励机制、风险容忍政策等方面加大对创新型企业支持力度。

（5）积极争取国家政策，支持符合条件的整体搬迁企业发行债券，用于企业搬迁改造。支持符合条件的具有较强综合实力的投资公司发行债券，募集资金用于组织实施城区老工业区综合改造。优先支持符合条件的示范区内项目申请使用国际金融组织和外国政府优惠贷款。充分利用股权投资基金、企业债、中期票据、短期融资券和项目收益票据等融资工具，进行多种渠道融资，支持符合条件的企业利用多层次资本市场开展直接融资。落实国家允许重点装备制造企业发起设立金融租赁和融资租赁公司政策，推进产业资本与金融资本融合发展。组建创业投资基金，参与国家新兴产业创投计划，争取享受国家定向资金支持。谋划开展股权众筹试点，鼓励众筹平台为小微企业提供资金支持。

5. 土地政策

（1）优先保障示范区建设用地。按照已经出台的政策，积极指导、支持湘潭实现发展规划、土地利用规划、城乡规划“三规合一”。科学编制转型升级示范区控制性详细规划，明确区域主导产业、鼓励类产业以及限制类产业目录，制定企业入园标准，严格执行拟出让地块的产业要求、投入产出标准、用地规模、环保要求等准入条件。在符合土地利用总体规划和城市总体规划的前提下，根据老工业区搬迁改造用地需求，在编制下达年度土地利用计划时适当倾斜，优先保障老工业城市转型升级示范区调整改造建设项目用地。

（2）盘活存量土地。积极向国家和湖南省争取相应的扶持政策，支持示范区采取自主开发建设和产业定向开发相结合的方式，加快推进土地开发再利用，通过收购、置换、储备土地，有效扩大主导产业的土地供应。加强节约集约用地管理，实现单位土地面积平均投资强度、产出强度、税收贡献强度的大力提升。加强对土地储备的投资融资、开发成本核算和资金管理，创新土地金融工具，通过土地抵押贷款证券化或土地专项资产管理计划等方式实现土地资产证券化。实行项目—土地匹配机制，实施差别化用地政策，根据项目计划对土地的需求，配置适当的土地储备，保障重大项目建设用地。企业原址调整为工业遗址或文物保护区的，要优先保障企业搬迁建设用地。研究探索“三线”调整改造时期“三线”企业搬迁后闲置土地合理利用途径。

（3）支持示范区开展城镇低效用地再开发试点。制定出台可操作、有特色的配套措施，按照切实可行、复垦耕地优先、数量质量生态并重的原则，支持示范区内推进城乡建设用地增减挂钩与农村土地整治，有序开展村庄迁并和存量用地挖潜改造。根据土地新规划用途和产业类别确定供地方式，合理安排土地开发时序，条件成熟一块，开发建设一块，实现滚动开发。进一步完善、激励和落实利用废弃闲置厂房等低效用地的具体管理办法，示范区内各级人民政府安排土地整治项目时，优先考虑湘潭工矿废弃地治理和土地复垦。工矿废弃地试点项目一经验收合格，政府将按照复垦面积给予一定的工作经费，并优先安排项目建设用地指标。

6. 创建良好的区域产业协同发展软环境

一是制定区域统一的产业政策。各市的产业政策都要服从区域产业政策，接受区域产业政策的指导。二是统一所有与产业发展相关的地方性法规、管理制度和各种收费。三是进一步协调改革长沙、株洲、湘潭三市户籍制度，建立开放、畅通的人员流动机制。四是清理和撤销长沙、株洲、湘潭三市间交通关卡，降低物资和人员流动成本。五是构筑长沙、株洲、湘潭三市统一的产权交易市场、技术市场和科技中介服务体系，加快长沙、株洲、湘潭三市间产业布局的优化和科技成果的转化。六是建立长沙、株洲、湘潭三市统一的就业和社会保障服务体系，对一体化过程中需要退出的产业和淘汰的落后生产能力，要尽快制定各项相关政策，妥善安排富余人员。

（**执笔人：**费洪平　李金峰　王佳元）

第十章　关于山东传统产业改造升级的调研报告

内容提要　山东是经济大省和人口大省，在全国实体经济发展大局中具有十分重要的地位。山东传统产业比重高，传统产业占工业比重及重化工业占传统产业比重均高达70%。本报告深入分析了山东传统产业转型升级的现状和问题，并据此研究提出了加快传统产业改造升级的政策建议。

2017年8月20—24日，国家发展改革委产业经济与技术经济研究所课题组对山东传统产业转型升级问题进行调研。课题组在山东期间，采取和地方政府部门座谈、到企业实地考察等多种调研方式，先后到烟台、青岛、济南等地进行实际考察，深入了解山东传统产业转型升级的现状和问题，并据此研究提出了加快传统产业改造升级的政策建议。

一、传统产业基础雄厚

改革开放以来，山东高度重视实体经济的发展，逐步建立了较为完整的工业体系，形成了一大批优势产业、骨干企业和重点产品，在全国工业经济中占有重要地位。特别是近年来，面对严峻复杂的国内外经济形势，山东制定实施了22个重点行业转型升级方案，盯住制造强国、企业家队伍建设、质量品牌、绿色发展等关键环节精准发力，工业发展的动力持续增强，质量效益稳步提升。以轻工、纺织服装、机械、化工、冶金、建材、医药等七大行业为支柱的传统产业，在山东工业中的比重超过八成，对全省经济社会稳定持续健康发展起到了“压舱石”的重要作用。

(一)传统产业总量大、门类全，竞争实力较强

2016 年，全省实现工业增加值 26648.6 亿元，占生产总值（GDP）的 39.8%。规模以上工业企业达到 40600 家，实现主营业务收入 15 万亿元、利润 8643 亿元，分别占全国的 13% 和 12.6%，均居全国第 2 位。工业门类齐全，产品种类丰富，涵盖全部 41 个行业大类，涉及 567 种产品，有 110 种工业产品产量居全国前三位，其中纱线、机制纸、轮胎、电解铝、化学药品原药等 46 种产品产量居全国首位。七大传统行业规模以上企业 36186 家，实现主营业务收入 12.8 万亿元，利润 7639 亿元，分别占规模以上工业的 85.3% 和 88.4%。7 个行业主营业务收入均居全国前列。其中，化工、建材、医药 3 个行业分别达到 2.98 万亿元、6588 亿元和 4608 亿元，均居全国首位；轻工、机械、纺织服装 3 个行业分别达到 3.37 万亿元、2.78 万亿元和 1.3 万亿元，均居全国第 2 位；冶金行业达到 1.25 万亿元，居全国第 3 位（见表 10-1）。

表 10-1 山东七大传统行业在全国位次

传统行业	子行业	居全国位次	占全国比重（%）
轻工	造纸	1	17.0
	食品	1	15.8
	家具	2	13.0
	家电	4	18.1
纺织服装	纱线	1	36.2
	产业用纺织品	1	17.0
	坯布	2	18.6
	服装	5	11.0
机械	农机	1	22.1
	机械基础件	1	27.0
	食品及包装机械	1	12.5
	铸造	1	11.0
	汽车	2	8.4
	机床工具	2	18.8
	工程机械	2	19.2
	内燃机	2	33.3

续表 10 -1

传统行业	子行业	居全国位次	占全国比重（%）
化工	地方炼油	1	17.0
	轮胎	1	55.0
冶金	钢铁	3	8.8
	有色金属	1	18.2
建材	水泥	2	8.5
	建筑陶瓷	5	14.3
	平板玻璃	4	16.4
医药	化学原料药	1	20.0
	化学制剂	2	11.5
	中药	2	7.6
	医疗仪器	2	13.9

（二）传统产业结构逐步优化，新业态新产业不断衍生发展

2016 年，全省规模以上工业完成技术改造投资 1.52 万亿元，总量居全国首位；装备工业增加值占规模以上工业的 29.4%，达到历史最高水平；高新技术产业产值占规模以上工业的 33.8%，近两年年均提高 1.2 个百分点。从传统产业看，技术密集型、高附加值产品显著增多，低效产能加快退出，产业层次逐步提高。近两年，服装、家纺和产业用布三大类最终纺织品销售收入占比达到 27%，提高了 1 个多百分点；轮胎子午化率达到 91%，提高了 6 个百分点；平板玻璃深加工率达到 45%，提高了 5 个百分点；医疗器械产业占医药行业比重达到 7.6%，提高了 2.6 个百分点。2016 年，山东化解生铁、粗钢过剩产能各 270 万吨，淘汰地炼落后产能 5052 万吨，为先进产能腾出了空间。从新兴产业看，传统产业升级衍生新业态新产业的速度在加快，不断形成新的增长点。新能源汽车及小型电动车产量近年来年均增长 50% 左右，轨道交通装备主营业务收入居全国首位，海洋工程装备、高档仪器设备等行业居全国第 2 位。现代医药、新材料、高端装备、新一代信息技术 4 大新兴产业占规模以上工业的 22.8%，近两年提高了 2.2 个百分点。首届世界工业设计大会上，全国 9 件获得金

奖产品中，山东占4件，数量居全国首位。培育总集成总承包示范项目100多个，一批制造业企业加快向“产品+服务”转变。从产业集聚情况看，一批大体量、高层次的产业集群快速成长，成为产业结构调整的有效载体。截至2016年底，全省年营业收入过10亿元的产业集群发展到440个，过100亿元的达230个，过千亿元的达到10个。其中，电子信息、生物医药、新能源、新材料、高端装备制造等在省级产业集群中的比重达到25%以上。2016年，山东规模以上工业企业百元营业收入提供利税为8.86元，而产业集群为11.74元，高出33%。

（三）传统产业创新能力日益增强，新技术新模式加快创新应用

2015年，全省规模以上企业研发费用为1292亿元，居全国第3位；规模以上企业研发费用占全社会研发费用的比重超过90%。超过七成的大中型企业建立了技术研发机构，建成国家级企业技术中心179家，省级企业技术中心1524家，国家级工业设计中心9家，国家技术创新示范企业39家，数量均居全国首位（见表10-2）。工业领域累计培育中国驰名商标677个、山东名牌1676个、山东省著名商标3374个；12个品牌进入中国工业企业品牌竞争力百强，数量居全国第2位。从新技术研发情况看，大企业创新能力较强，掌握了一批在国内外具有较强影响力的关键核心技术。2011年以来，山东39个项目列入国家重大专项，获得国家级科技进步奖25项，其中，四方机车的时速250公里动车组高速转向架、如意科技集团的新型嵌入式纺纱技术、康平纳集团的筒子纱自动染色成套技术及设备、浪潮集团的高端容错计算机、宏济堂制药集团的人工麝香、盛瑞传动的8挡自动变速器等项目荣获国家科技进步一等奖。从新模式应用情况看，智能技术、信息技术与制造业加速融合，使传统产业不断焕发新的生机。规模以上工业企业关键工序数控化率、数字研发工具普及率分别达到42.1%和74.1%。个性化定制模式加快推广，涌现出了海尔、红领、迪尚等一批典型企业。智能制造迅速推进，九阳股份等15个企业的智能制造项目列入国家试点示范，潍柴集团等14个企业获得国家智能制造专项支持，数量均居全国首位。

表 10－2 山东传统产业技术创新平台建设情况

行业	国家级企业技术中心	省级企业技术中心	工程技术研究中心	院士工作站	博士后科研工作站
轻工	31	165	11	2	5
纺织服装	16	80			
机械	54	536	46	7	15
化工	20	21	6	1	4
冶金	3				
建材	1	40			
医药	24	204			

（四）大企业骨干支撑作用突出，中小企业“专精特新”发展

近年来，山东大力推进大众创业、万众创新，持续深化商事制度改革，市场主体发展迸发出前所未有的生机活力。2016 年，山东新登记各类企业 51.3 万户，日均登记企业 1425 户；实有各类企业 190.8 万户，居全国第 3 位。从大企业情况看，支撑带动作用持续增强，是工业经济发展的排头雁、领头羊。2016 年，山东营业收入过百亿元的工业企业达到 145 家，有 49 家入围中国企业 500 强，75 家入围中国制造业企业 500 强，数量均居全国第 2 位。中小企业发展活力日益提升，是推动工业经济发展的主力军。2016 年，全省工业中小企业达到 15.3 万户，其中，规模以上的达到 39699 家，占规模以上工业企业总数的 97.8%，实现工业增加值占规模以上工业的 69.3%。22 家企业列入国家制造业单项冠军首批示范（培育）企业名单，占总数的近 1/5，居全国首位。从企业发展素质看，企业家队伍培养力度不断加大，企业现代化管理水平加快提升。2016 年，省市县三级举办专题培训 460 多期、培训企业负责人 6 万多人。规模企业规范化改制步伐加快，已改制企业 10215 家，完成目标进度的 28.8%。规模以上工业企业全员劳动生产率年均达到 38.4 万元，近年来年均递增 2 万元，发展质量和效益不断提升。

二、传统产业改造升级面临的矛盾和问题

对照发达国家工业发展水平和沿海先进省市工业转型升级形势，山东推动传统产业改造升级的步伐还不够快，发展质量效益还有待进一步提高。2013—2016 年，山东规模以上制造业利润率分别为 6.25%、5.93%、5.89% 和 5.92%，广东分别为 5.72%、5.72%、6.19% 和 6.05%，江苏分别为 6.16%、6.26%、6.44% 和 6.59%，山东出现了从领先于两省到落后于两省的状况。

（1）从产业层面看，推动转型升级的困难还比较多。山东长期以来被定位为全国重要的粮食、能源和原材料生产基地，工业生产以原材料初加工为主，处于产业分工的较低层次，这种传统发展路径目前尚未根本扭转，山东产业层次不高、产品多处于价值链低端等问题比较突出。一是能源资源依赖性强，总量消耗大。山东是能源资源消耗大省，2016 年能源原材料产业占比为 40.9%，分别高于广东、江苏 15.8 个和 12.2 个百分点；主营业务收入排前三位的化工、食品、纺织均为资源型产业，而广东、江苏两省的第一大行业均为计算机通信制造业（见表 10－3）。以农林牧渔业为主要原料的消费品工业主营业务收入占规模以上工业的 30.5%，分别比江苏、广东高 8.1 个和 9.2 个百分点。装备工业主营业务收入仅占规模以上工业的 28.3%，低于全国平均水平 5.9 个百分点，分别比江苏、广东低 12.7 个和 14.3 个百分点。二是一些行业布局分散，集中度低。除造纸、玻璃、电解铝等行业外，多数行业特别是钢铁、地方炼化行业的市场集中度不高，产业布局分散、企业规模偏小的问题突出。山东有钢铁联合企业 21 家，平均产能 414 万吨，500 万吨以上的企业只有 2 家，200 万吨以下的有 6 家。地炼企业 39 家，原油年一次加工能力 1.3 亿吨，平均产能 330 万吨左右，产能 300 万吨以下的有 16 家。三是中低端产品多，高附加值产品少。山东工业品中初级产品多，多数处于价值链中低端，高附加值和高科技含量的产品较少。纺织服装行业中，服装服饰业产值仅占 24%，而广东占比达到 61%。食品行业中，精深加工食品产值仅占食品工业总产值的 40%。家具行业中，山东板材产量占全国的 25%，家具仅占全国的 12%。医药行业中，原料药和低价药比重偏高，终端制剂产品占医药产业主营收

入的20%左右，低于江苏20个百分点。农业机械、轻工机械、工程机械等行业信息化高端产品占比不到20%。四是新产业新业态规模较小，领军型大企业少。战略性新兴产业占GDP比重比全国平均水平低2个百分点左右，仅信息产业主营业务收入就比广东、江苏分别少2.4万亿元和1.8万亿元，占本省工业的比重比广东、江苏分别低20.5个和10.9个百分点，集成电路产量仅相当于江苏的1.71%、广东的2.69%，缺乏像华为、中兴、腾讯等领军型企业。五是"四新"跨界融合不够，新技术渗透不足。机床整机制造行业数控化率为25%，比全国平均水平低8个百分点。规模以上企业中处于信息化单项应用阶段的有46.2%，信息化与工业化融合指数为93，分别低于广东、浙江、江苏5.8个、5.2个和4.4个百分点。

表10-3　鲁粤苏三省前10大行业主要经济指标对比（亿元）

山东省		广东省		江苏省	
行业	主营收入	行业	主营收入	行业	主营收入
化学原料和化学制品制造业	17758.8	计算机通信等电子设备制造业	32675.1	计算机通信等电子设备制造业	18915.2
农副产品加工业	13273.9	电气机械和器材制造业	12709.6	化学原料和化学制品制造业	18534.9
纺织业	9456.8	汽车制造业	6651.6	电气机械和器材制造业	17308.4
通用设备制造业	8299.8	电力热力生产和供应业	6492.1	黑色金属冶炼和压延加工业	9741.3
石油加工炼焦和核燃料加工业	8249.4	化学原料和化学制品制造业	6101.5	通用设备制造业	9243.4
非金属矿物制品业	8100.0	金属制品业	5861.2	纺织业	7382.2
有色金属冶炼和压延加工业	7085.5	橡胶和塑料制品业	4989.4	汽车制造业	7342.6

续表 10－3

山东省		广东省		江苏省	
行业	主营收入	行业	主营收入	行业	主营收入
汽车制造业	7037.9	非金属矿物制品业	4928.7	金属制品业	6475.4
专用设备制造业	6288.0	纺织服装、服饰业	3997.7	专用设备制造业	6264.0
电气机械和器材制造业	6268.3	通用设备制造业	3664.4	农副产品加工业	5099.6

（2）从企业层面看，推动转型升级的意识不够强、办法不够多。“永不满足、不断创新、追求卓越”的企业家精神尚未形成，创新能力不强、管理方式粗放等问题导致企业发展内生动力不足，制约了转型升级步伐。一是部分企业家思想保守，管理层专业化程度低。思想观念和视野跟不上市场经济形势变化，缺乏抱团发展的意识和干事创业的激情，习惯沿用传统经验管理，现代企业制度不健全，法人治理结构不完善，决策的民主化、科学化不够。特别是面对新一轮科技革命和产业变革，不少企业战略方向迷失，转型路径不清晰，错失发展机遇。二是创新投入不足，成果转化率低。当前，山东企业发展主要依赖产能扩大和产能叠加，依靠创新驱动、内生增长的发展机制尚未形成主导。2015 年，山东规模以上企业中开展研发活动的有 13.9%，比全国低 2.7 个百分点；企业研发投入强度仅为 0.89%，比广东、江苏分别低 0.34 个和 0.13 个百分点。特别是中小企业研发投入明显偏低，中型企业、小型企业研发投入强度分别为 0.84% 和 0.43%，较江苏分别低 0.35 个和 0.44 个百分点。技术创新成果转化率仅有 20% 左右，2015 年山东新产品产值仅占工业总产值的 10.1%，较江苏、广东分别低 6.4 个和 8.3 个百分点。三是质量品牌建设滞后，高端市场竞争力弱。2010—2016 年，我国进入世界品牌 500 强的品牌数量从 17 个增加到 36 个，而山东一直仅有海尔、青啤 2 个入围。山东工业企业入选 2016 年度中国品牌 500 强的有 37 个，比北京、广东分别少 50 个和 63 个。四是企业外向度不高，融入经济全球化步伐慢。山东工业品省内、国内和国外销

售额比例约为5:3:2,省外市场份额偏低。外商及港澳台投资企业为3905家，分别比广东、浙江少了9220家和1748家；实现主营业务收入占规模以上工业的比重为12.8%，远低于广东的40.9%、浙江的22.1%。五是人才队伍建设相对薄弱，智力支撑能力不强。山东院士拥有量不足上海的1/4、广东的1/2；高层次专家人才仅占科技活动人员总数的6.9%，低于上海的7.4%和广东的7.3%。高技能人才相对短缺，2016年山东技能人才数量达到1020.7万人，其中高技能人才268.8万人，仅占26.3%，用工总量压力和结构性矛盾已成为许多企业面临的现实难题。

（3）从政府层面看，推动转型升级的政策力度还不够大，环境还不够宽松。产业转型升级的主体是企业，但也需要政府创造良好的法律和政策环境。当前，发展环境方面存在的主要问题：一是法规体系尚不健全，依法行政滞后。传统产业转型升级中的技术进步、兼并重组、淘汰落后产能，以及新技术、新产业、新业态、新模式的规范发展，很多热点难点问题现行法规难以完全适应，迫切需要通过相关立法和加强监督的方式来解决。二是政策合力不够大，政府导向乏力。与南方先进省份相比，一些地方和部门缺乏不断解放思想、创新理念、与时俱进的高度自觉，新常态下推动产业转型升级的视野不宽，眼光不远，力度不大，引导能力不足，制约了传统动能改造提升的速度和力度。三是金融环境还不宽松，融资成本较高。受金融风险上升影响，部分银行机构提高放贷门槛、提高杠杆率，导致中小微企业融资难、融资贵的问题加剧。目前，中小微企业贷款综合利率一般为10%～12%，个别议价能力较差的小微企业达到15%左右。四是公共平台建设滞后，管理服务体系不够完善。近年来尽管山东产业聚集度逐步提升，但面向产业集群、产业园区的管理和服务体系仍较滞后，生产生活设施配套、创业创新服务平台建设等方面的政策偏少，力度偏弱，特别是缺乏激励企业参与管理服务体系建设的体制机制。

三、加快推动山东传统产业转型升级的方向

当前，山东推进传统产业转型升级，必须坚持问题导向，进一步加大力度，从根本上补齐短板、提高质效，打造传统产业发展新优势。

（一）推动产业布局集约化，以新结构提升发展新动能

发挥山东海岸线长、海陆交通便利的优势，遵循循环型、低碳型、集聚式发展模式，在严把节能、环保等准入门槛的基础上，加快推动钢铁、石化等“大进大出”型重化工业向沿海地区布局。根据区域产业定位和资源环境承载力，高起点、高标准规划和建设一批产业功能区，实现差异化发展，避免低水平重复建设。积极开展对外产能和装备合作，制定扶持激励政策，推动传统优势产能向省外、国外转移，妥善化解产能过剩矛盾。

（二）推动创新体系协同化，以新技术提升自主创新能力

面向优势产业和产业集群，依托龙头骨干企业，加快培育形成一批特色鲜明、辐射性强、运行高效的行业性技术创新平台，引导技术人才、研发机构、社会资本、技术成果等资源逐步向公共创新平台聚集。积极争创国家制造业创新中心，建立若干省级制造业创新中心。围绕传统产业改造升级需求，加快攻克一批有全局性影响、带动性强的关键核心技术。推动创新成果产业化应用，鼓励骨干企业牵头成立行业技术创新联盟，形成共同投入、风险共担、成果共享的产学研协同创新体系。

（三）推动制造智能化，以新模式提升智慧化水平

大力推广智能制造模式，开展智能制造新模式试点示范，建设一批智能工厂和数字化车间。加快传统产业智能化改造，推动生产制造方式向数字化、精细化、柔性化转变，提高精准制造、敏捷制造能力。强化智能制造装备支撑能力，研发具有深度感知、智慧决策、自动执行功能的高档数控机床、工业机器人、增材制造等智能装备，突破新型传感器、智能测量仪表、工业控制系统、伺服电机及驱动器和减速器等智能核心装置，推进工程化和产业化。

（四）推动品牌建设高端化，以新供给提升竞争新优势

以“质量强省”、“品牌强省”、“标准强省”建设为抓手，大力弘扬“工匠精神”，激励和带动更多企业提高产品质量，打造知名品牌。在消费品领域集中开展增品种、提品质、创品牌“三品”专项行动，提升传统优

势供给，增加中高端供给，扩展新兴供给，更好地适应需求高端化、个性化的发展趋势。开展质量提升行动，突出“省长质量奖”示范带动。鼓励企业采用国际标准或国外先进标准，支持专利技术向标准转化，推动团体标准建设。以“好品山东”为引领，借助央视等国家级媒体，大力宣传山东优秀工业产品，集中树立山东工业区域品牌、集群品牌形象，扩大“山东制造”品牌的影响力。

（五）推动企业管理精细化，以新活力提升内涵发展新动能

坚持眼睛向内、苦练内功，推动企业管理全面创新，提升企业发展的内在活力。深化国有企业改革，完善企业市场化经营机制。持续实施规模企业规范化公司制改制任务。深入实施精益管理，大力推广“六西格玛”、“丰田精益管理”等先进管理方法，实施制造业劳动生产率提升计划和产品产销率提升计划。深入开展行业对标行动，发挥好省政府“企业管理创新成果奖”的引导作用，每年选树一批“管理创新示范企业”，组织广大企业对标学习，推动企业解放思想，更新观念，创新技术，强化管理。

（六）推动多元化跨界融合，以新业态提升发展新动能

深化制造业与互联网融合发展，加快构建基于互联网的制造业“双创”平台新体系，培育网络化生产制造新模式。积极开展制造业与互联网融合发展试点示范，推动企业两化融合管理体系标准普及。实施服务型制造行动计划，引导和支持制造业企业延伸服务链条，增加服务环节投入。开展制造业服务化试点，鼓励发展工业设计、个性化定制服务、全生命周期管理、网络精准营销、在线支持服务等。培育壮大军民融合产业，以基础配套、零部件、通用分系统领域为重点，发展一批“民参军”专业化企业。坚持“三产融合、工业统领”，采用工业化组织模式，以工业为主导带动农业、服务业共同进步，促进一二三产业融合发展。

（七）推动绿色化发展，以新变革提升持续发展新动能

加快构建高效、清洁、低碳、循环的绿色制造体系，推动高消耗、高排放传统发展模式变革，不断提高传统产业可持续发展能力。加快制造业绿色改造升级，推进钢铁、有色、化工、建材、轻工、印染等传统产业绿

色改造。加强绿色产品研发应用，持续提升电机、锅炉、内燃机等终端用能产品能效水平，大幅降低电子信息产品生产、使用能耗及限用物质含量。推进资源高效循环利用，持续提高绿色低碳能源使用比率，开展工业园区和企业分布式绿色智能微电网建设。全面推行循环生产方式，促进企业、园区、行业间链接共生、原料互供、资源共享。推进资源再生利用产业规范化、规模化发展，大力发展再制造产业和节能环保产业。

（八）推动政策环境宽松化，以新机制提升发展新活力

深化“放管服”改革，提升政府服务水平，创造有利于创业兴业的良好环境。进一步加大财政资金投入力度，发挥好股权投资基金作用，重点项目实施贷款贴息、事后奖补等政策。进一步推动落实好研发费用加计扣除、重大技术装备进口等领域的税收政策。加强金融服务创新，建立政府与金融机构的沟通协调机制，搭建银企对接合作平台，推广“无间贷”、“连连贷”等无还本续贷产品，降低企业融资成本。建立企业负担调查信息平台，完善涉企收费项目清单制度，适度扩大电力直接交易规模，帮助企业降本增效。

四、政策建议

当前，加快推进传统产业改造升级，迫切需要强化政策支持，创新体制机制，优化发展环境，尽快取得突破性、实质性进展。

（一）加大国家政策对山东的支持力度

（1）加强国家对行业共性平台建设的支持。目前，山东高性能医疗器械制造业创新中心、时尚创意设计集成服务平台、工业互联网创新中心、高速列车技术创新中心等4个行业创新平台建设均已取得阶段性成效。加大工作力度，积极支持山东创建国家制造业创新中心。

（2）推进国家有关试点示范。①建设推进胶东半岛城市群（青岛、淄博、烟台、潍坊、威海）尽快成为制造强国试点示范城市群。②山东大气污染防治已纳入京津冀协同治理范围，建议将山东纳入国家大气污染防治扶持政策范围。③建议国家将山东纳入用能权初始分配制度试点。

（3）支持山东加快建设中德工业设计中心。2015年3月，国务院副总理马凯访问德国，工信部和德国经济能源部签署了中德国家级工业设计行业战略合作协议，计划建设“中德工业设计中心”，在人才培训、资质认定、评测标准、服务咨询等方面开展深度合作。山东工业基础好，工业设计后发优势明显，与德国也有合作渊源。

（4）加大财税政策支持力度。①提高固定资产折旧率。参照天津滨海新区和东北老工业基地政策，山东“工业企业的固定资产（房屋、建筑物除外），可在现行规定折旧年限的基础上，按不高于40%的比例缩短折旧年限。工业企业受让或投资的无形资产，可在现行规定摊销年限的基础上，按不高于40%的比例缩短摊销年限”。②加快重大创新成果转化。建议国家有关部委加大对国家科技进步一等奖创新成果的奖励力度，特别是加大对创新成果产业化的推广力度，促进创新成果加快形成规模效益。③支持危化品企业搬迁。据调查，山东共有185个企业计划搬迁，需投资600亿元左右。建议国家继续加大专项建设基金支持危化品企业搬迁力度，并进一步研究财政、税收等其他政策支持企业搬迁，同时相关政策应兼顾到民营企业。

（二）采取更加有力的政策措施

（1）加大对建设区域性共享工厂的支持。建设印染、铸造两个行业的区域性共享工厂，对提高产业集中度、补齐产业链短板、提升行业技术装备水平、促进行业节能减排具有重要意义，并可为其他行业建设共享工厂探索经验。

（2）出台整合钢铁、地炼企业产能政策。为解决山东钢铁、地炼企业布局分散、规模偏小的问题，推动建设大钢铁、大炼化项目，建议推广造纸、玻璃等行业的产能整合经验，研究制定钢铁、炼油产能置换交易政策，在不违背国家有关政策的前提下进行产能置换交易，推动山东年产能200万吨以下钢铁企业、年产能300万吨以下原油加工企业全部退出市场，整合形成5家左右大型钢铁集团、3～5家千万吨以上炼油企业。

（3）完善四轮低速电动车生产和使用管理机制。加快出台四轮低速电动车技术条件地方标准、四轮低速电动车登记管理办法，按照“升级一批、规范一批、淘汰一批”的思路推动生产企业转型升级，对安全技术性能达到标准、经检测合格的车辆进行登记管理，明确行驶区域、准行道路、驾驶人资格、车辆保险等限定条件，促进低速电动车产业科学有序发展。

（4）推动并网型微电网建设。依托魏桥、信发、南山等电解铝龙头企业，妥善解决其局域电网、自备机组的历史遗留问题，利用集成分布式能源及智能一体化电力能源控制技术，建设具有功率平衡控制、系统运行优化、故障检测与保护、电能质量治理等功能的并网型微电网，在实现区域内电能自我运行管理的同时，与公共电网建立双向互动关系，灵活参与电力市场交易，探索电力能源服务的新型商业运营模式和新业态，加快电力体制改革步伐。

（5）建立财税政策激励机制。①实施贷款贴息政策。财政安排专项资金，对符合技术改造投资指南要求，并纳入重点技术改造项目库的项目予以贷款贴息支持。②实施事后奖补政策。对符合技术改造投资指南要求，并纳入重点技术改造项目库的项目，省、市、县财政通过预算安排，从完工下一年起连续三年内，按对财政贡献增量额度中省级分成部分的60%、市级分成部分的50%、县级分成部分的40%实行以奖代补。

（6）建立地方金融机构考核评价机制。对省、市两级地方金融机构支持工业经济发展情况进行考核评价，主要考核各地方金融机构全部贷款余额中工业贷款余额所占比重和工业贷款余额中中长期贷款余额所占比重，并把这两项指标作为考核评价地方金融机构主要负责人任期内绩效表现的重要内容，引导金融机构加大对工业实体经济信贷支持力度。

（7）科学配置土地资源。一是鼓励企业实施“零增地”技术改造，对企业“零增地”技改项目，最大程度简化环评、安评等审批手续。二是建立工业用地倒逼机制，即新增用地指标与存量工业用地产出效益挂钩，对各单位工业用地提供的销售收入和利税情况进行考核评价，根据考核结果配置新增用地指标，对未达到产出效益最低标准的，不予提供新增工业用地指标。

（8）健全转型升级统计指标体系。目前的工业统计指标体系，在某些方面已经不能满足新常态下经济工作需求，对统计的范围、统计的口径、统计的行业类别等进行调整，以适应推进转型升级工作需要。

（9）建立工业运行大数据平台。依托省经济和信息化研究院，运用大数据等信息化手段，融合各方面涉及工业的指标数据，打造互联互通、信息共享的工业经济运行监测平台体系，精确服务经济发展大局。

（**执笔人**：张于喆　邱灵　李子文）